조선왕조실록 2

문종 ~ 연산군 편

차례
Contents

들어가며

훈구파의 형성과 훈신 정치 시대의 도래 — 문종·단종·세조·예종

세종에 이어 왕위에 오른 제5대 왕 문종은 오랜 기간 세자로 있으면서 착실히 제왕 수업을 받았다. 또한 세종 말년에는 건강이 좋지 못한 세종을 대신해 5년간 섭정을 하기도 했다. 이 때문에 문종이 왕위에 있던 기간의 분위기는 세종 말년과 크게 다르지 않았다. 다른 점이 있다면 세종은 자신의 친위 부대라고 할 수 있는 집현전 학사들의 정치 참여를 허용하지 않은 반면, 문종은 집현전 학사들의 정치 참여를 권장했다. 집현전 출신들이 활발히 정계에 진출하면서 새로운 세력을 형성하게 되었고, 이들은 단종 즉위 후 김종서(金宗瑞)·황보인(皇甫仁) 등으로 대표되는 대신 세력과 대립하며 정치적으로 혼란을 야기했다.

사실 문종 대 이후의 정치적인 혼란은 문종 자신이 너무 일찍 죽었기 때문이었다. 문종이 죽었을 때 세자 홍위(弘暐)의 나이는 12세에 불과했다. 제6대 왕 노산군(魯山君: 단종)이 어린 나이에 왕위에 올랐을 때, 왕실에는 수렴청정(垂簾聽政)을 할 대비도 없었다. 문종의 불행한 가정사 때문이었다.

문종은 세자 시절 2명의 세자빈을 맞이했으나 불화로 모두 궁에서 쫓겨났다. 그리고 어렵게 후사를 이은 단종의 생모 현덕왕후 권 씨는 단종을 낳고 얼마 지나지 않아 죽었다. 이후 문종은 더 이상 부인을 들이지 않았고, 재위 기간에도 왕비의 자리는 비어 있었다. 기댈 곳이 없던 어린 단종에게 독자적으로 정사를 이끌 정치력이 있을 리 없었다. 이런 상황에서 문종의 고명을 받은 김종서·황보인 등의 대신들에게 막강한 권한을 준 것은 당연한 결과였다. 이는 왕권의 약화를 불러왔다.

이때 수양대군(首陽大君)과 안평대군(安平大君)을 중심으로 한 종친 세력이 서서히 대권 도전의 야심을 드러냈다. 이들은 단종의 친숙부였다. 수양대군과 안평대군은 각각 집현전 출신 세력, 대신 세력과 손을 잡았다. 그렇게 시작된 권력 다툼은 결국 계유정난(癸酉靖難)을 일으킨 수양대군의 승리로 끝이 났다. 김종서·황보인 등의 고명대신을 척살하고 권력을 장악한 수양대군은 자신을 도운 여러 인물을 정난공신에 책봉했다. 공신들은 막강한 세력을 형성하며 훈신(勳臣) 정치 시대의 서막을 열었다.

권력을 장악한 수양대군이 조카인 단종을 몰아내고 왕위에 오르니 그가 바로 제7대 왕 세조다. 세조는 즉위한 후 중앙집권화 정책을 통해 강력한 왕권을 확립하려 했다. 이러한 정책은 한때 그를 지지했던 집현전 출신 세력의 반발을 샀다. 이들은 마침내 단종 복위 운동을 계획하며 권력 투쟁의 길을 선택했다. 그러나 결과는 실패였다. 단종 복위 운동에 참여했다가 제거된 사람은 훗날 사육신(死六臣)이라 불리며 절의(節義)의 상징으로 추앙받는다.

한편 세조의 친동생인 금성대군(錦城大君)이 계획한 제2차 단종 복위 운동이 발각되면서 금성대군과 관련자는 물론이고 영월에 유폐된 노산군도 결국 목숨을 잃게 되었다. 반대 세력을 몰아낸 세조와 측근들의 국정 장악력은 더욱 커졌다. 특히 한명회(韓明澮)·신숙주(申叔舟) 등의 훈신 세력은 권력의 핵심으로 떠오르며 자신들의 위치를 더욱 공고히 다지게 되었다.

그러나 세조는 이시애(李施愛)의 난으로 시련을 맞이했다. 이시애의 난은 세조의 강력한 중앙집권화 정책에 큰 타격을 주었으며, 이 일로 막강한 권력을 누리던 한명회와 신숙주가 난의 공모자로 지목되는 일까지 있었다. 결과적으로 세조는 태종과 같은 강력한 왕권을 이룩하는 데는 실패했다. 반면 이 사건 이후에도 훈신 세력의 영향력은 조금도 줄어들지 않았다.

한편 이시애의 난을 평정하는 과정에서 공을 세운 구성군(龜城君) 이준(李浚)과 남이(南怡)를 중심으로 한 종친 세력이 훈신 세력의 새로운 경쟁 집단으로 등장했다. 두 세력 간의 대립은 제8대 왕 예종의 즉위 후에 더욱 심화되었다. 그만큼 왕권이 약화되었다는 방증이기도 했다. 예종으로서는 두 세력 모두 달갑지 않았지만 특히 젊은 종친 세력에 대한 우려가 더 컸다. 결국 예종은 훈신 세력과 손을 잡고 '남이의 옥'을 일으켜 종친 세력의 핵심인 남이를 제거했다. 이로써 훈신 세력은 더욱 막강한 권력 집단이 되었다. 설상가상으로 예종이 일찍 세상을 뜨고 한명회의 사위인 성종이 왕위에 오르면서 훈신 정치 시대는 전성기를 맞이했다.

세종 사후 문종부터 예종 대에 이르는 19년 동안 조선은 정치사적으로 새로운 전기를 맞이했다. 바로 훈신 정치 시대가 열린 것이다. 이 과정은 실록에 고스란히 담겨 있다.

『문종실록』은 1450년(문종 즉위년) 2월 22일부터 1452년(문종 2) 5월 14일까지 약 2년 4개월 동안에 일어난 역사적인 사실을 편년체로 기록했다. 정식 이름은 『문종공순대왕실록(文

宗恭順大王實錄)』이다. 1453년(단종 1) 1월에 편찬을 시작했으며, 1455년(세조 1) 11월에 완성되었다. 세조는 그해 12월에 『실록』을 실록각(實錄閣)에 봉안하고 수찬관(修撰官)들을 의정부에 불러 연회를 베풀었다.

『단종실록』은 단종의 재위 기간인 1452년(단종 즉위년) 5월부터 1455년(단종 3) 윤6월까지 3년 2개월간의 역사가 기록되었다. 편찬 당시 노산군은 아직 묘호(廟號)를 받기 전이기 때문에 『실록』의 원래 이름도 『노산군일기(魯山君日記)』였다. 그러다 숙종 때 추존되면서 『실록』의 이름을 『단종대왕실록(端宗大王實錄)』으로 고쳤다.

『세조실록』은 세조의 재위 기간인 1455년(세조 1) 윤6월부터 1468년(세조 14) 9월까지 14년간의 역사를 수록하고 있다. 정식 이름은 『세조혜장대왕실록(世祖惠莊大王實錄)』이며, 모두 49권 18책으로 간행되었다. 특히 마지막 2권에는 세조 대에 제작된 악보(樂譜)가 수록되어 있어 『세종실록』에 실린 악보와 더불어 조선의 아악(雅樂)을 연구하는 데 귀중한 자료로 쓰인다. 『세조실록』은 1468년(예종 즉위년) 4월에 춘추관(春秋館)에 실록청(實錄廳)을 설치하고 편찬을 시작했는데, 사관 민수(閔粹)가 자신이 기록했던 사초(史草)를 몰래 고쳤다가 발각되는 등 우여곡절을 겪기도 했다. 예종의 재위 기간이 원체 짧아 그사이에 완성되지 못하고 1471년(성종 2) 12월에 완성되었다.

성종 대에 『세조실록』이 완성되고 이어 『예종실록』이 편찬되었다. 『예종실록』은 예종의 재위 기간인 1468년(예종 1) 9월부터 1469년(예종 1) 11월까지 약 1년 3개월간의 역사가 기술되었다. 정식 이름은 『예종양도대왕실록(睿宗襄悼大王實錄)』이며, 모두 8권 3책으로 간행되었다. 『예종실록』은 편찬 후 『세종실록』 『문종실록』 『세조실록』과 함께 금속활자로 인쇄되어 서울의 춘추관과 충주·전주·성주의 사고(史庫)에 봉안(奉安)되었다.

훈구파와 사림파의 대립 ─ 성종·연산군

성종과 연산군 대의 가장 큰 특징은 조선이 비로소 양반 관료 체제를 완성하고 본격적인 사림(士林)의 시대로 접어들기 시작했다는 점이다. 이 과정에서 기존 정치 세력인 훈구파와 사림파의 대립이 필연적으로 펼쳐졌으며, 연산군이라는 희대의 전제 군주를 만나 양반 관료 체제가 흔들릴 위기에 처하기도 했다. 그러나 100년이 넘게 자신들의 체제를 견고하게 다져온 양반의 힘은 셌다. 오히려 그들에게 맞서 전제 왕권을 회복하려고 했던 연산군의 노력은 중종반정(反正)이라는 신하들의 반란을 통해 좌절되었다. 그리고 이것은 양반 관료의 영향력이 더욱 확대되는 계기가 되었다.

성종은 세조의 맏아들 덕종(의경세자)의 둘째 아들로, 선대 왕인 예종이 젊은 나이로 죽자 세조의 정비인 정희왕후(貞熹王后)의 지목을 받아 왕위에 올랐다. 어리긴 하지만 예종의 원자가 있었고, 덕종의 맏아들인 월산대군(月山大君)도 있었다. 그런 상황에서 성종이 왕으로 지목된 것은 정희왕후와 한명회의 정치적인 결탁에 의한 결정이라고 볼 수 있다.

13세의 어린 나이에 왕위에 오른 성종은 정희왕후의 수렴청정 하에 7년간 착실히 제왕 수업을 받았다. 성년이 된 후에는 독자적인 정치력을 발휘하며 도학 군주로서의 면모를 발휘했다. 유교 가치를 숭상한 성종은 정희왕후의 수렴청정 기간까지 이어져온 왕실의 불교 우호 정책을 과감히 정리했다.

성종조의 가장 큰 특징은 『경국대전(經國大典)』의 완성과 반포에서 찾을 수 있다. 이로써 조선은 법으로 국가를 통치하는 통일 법전을 갖게 되었으며, 양반 관료 체제를 확고히 다질 수 있었다. 양반 관료 체제의 확립은 문치주의가 지향하는 중앙집권 체제 유지의 바탕이 되었으며, 우수한 인재로 구성된 지식인 관료들의 통치술을 발달시킬 수 있었다. 이러한 지식인 정치는 세계적으로도 드문 정치 형태라 할 수 있다.

한편 성종은 홍문관을 설치하고 대간의 기능을 강화함으로써 언로를 넓혔는데, 이것은 사림파가 새로운 정치 세력으로 성장하는 기회가 되었다. 세조 때부터 훈구파의 대항마로 등용되기 시작한 사림은 성종조에 이르러 조정에서 확고한 위치를 차지했다. 이로써 훈구파와 사림파의 대립이 점차 가시화되었다.

성종은 자신의 치세 동안 비교적 성공적인 군주로서 군림했다. 그러나 원자의 친모인 폐비 윤 씨를 사사한 뒤에 그의 자식에게 왕위를 물려주는 패착을 두었다. 결국 이것은 후대의 불행으로 이어졌다.

성종에 이어 왕위에 오른 연산군은 조선 역사상 최초로 신하들에 의해 쫓겨난 왕으로 기록되었다. 그가 폐주가 된 데에는 여러 가지 원인이 있었다. 그중 하나가 친모인 폐비 윤 씨와 관련한 부분이다. 성종의 함구령 때문에 연산군은 친모의 존재를 모르고 자랐지만, 왕위에 오른 후 사건의 진상을 모두 알게 되었다. 연산군 대에 일어난 두 번의 사화(士禍)에서 유독 폐비 윤 씨의 사사에 관여된 인물이 많았던 점은 연산군 개인의 원한이 반영된 결과라고 할 수 있다.

그러나 폐출의 가장 큰 원인은 연산군이 양반 관료 체제를 부정하고 절대 왕권을 꿈꿨던 데 있었다. 연산군은 양반 관료 체제가 왕권을 제약하기 위해 만들어 놓은 여러 가지 제도에 염증을 느꼈다. 또한 왕의 수신(修身)을 지나치게 강조하는 유교 가치관에 대해서도 거부감을 느꼈다. 그리하여 이러한 것을 무력화시키려 노력했고, 바로 이 시도가 학정(虐政)으로 매도된 측면이 있다.

한편 훈구파와 사림파의 대립이 심화되는 과정에서 두 번의 사화가 발생했고, 이로 인해 사림파의 영향력은 현저히 줄어들었다. 그러나 사림파는 재지 기반을 바탕으로 언제든지 재기할 수 있었고, 중종반정 이후 오히려 영향력이 점차 확대되었다.

『성종실록』은 제9대 왕 성종이 재위했던 25년 2개월간의 역사를 편년체로 기록한 것으로, 정식 이름은 『성종강정대왕실록(成宗康靖大王實錄)』이다. 모두 297권 150책으로 활판 인쇄되었다. 성종 사후 4개월 뒤인 1495년(연산군 1) 4월에 영의정 노사신(盧思愼) 등의 건의로 춘추관 안에 실록청을 설치해 편찬을 시작했는데, 편찬 도중에 이른바 '조의제문(弔義帝文)' 사건으로 촉발된 무오사화(戊午史禍)가 일어나 많은 신진 사림이 큰 화를 당하기도 했다. 『실록』 편찬은 1499년(연산군 5) 3월에 인쇄가 완료되어 사고에 봉안되었다.

『연산군일기』는 제10대 왕 연산군이 재위했던 12년간의 역사를 편년체로 기록한 것으로, 모두 63권 46책으로 구성되어 있다. 연산군은 반정으로 폐위되어 묘호가 없으므로, 『실록』도 노산군, 광해군(光海君)의 예와 같이 일기라고 칭했다. 그러나 이름만 그럴 뿐 형식이나 내용은 다른 『실록』과 다를 바 없다.

『연산군일기』의 편찬은 연산군 사망 직후인 1506년(중종 1)

11월에 시작되어 1509년(중종 4) 9월에 완성되었다. 『연산군 일기』는 중간에 책임자가 여러 번 교체되는 등 많은 어려움을 겪으며 편찬되었다. 연산군이 재위 시절에 사관들의 활동을 제약하여 사초 작성 자체가 제대로 이루어지지 않은 경우가 많은데다, 그나마 작성된 사초들도 사화와 반정을 거치면서 충격을 받은 사관들이 제출을 꺼렸기 때문이다. 편찬관들도 후환이 두려워 직을 사양하거나 제대로 업무를 수행하지 못했다. 그런 상황에서 어렵게 편찬된 『연산군일기』는 『실록』 봉안에 따르는 제반 의식을 간략히 치른 뒤 외사고(外史庫)에 봉안되었다.

제5대 문종, 짧은 치세로 정치적 혼란을 부르다

5년의 섭정 후 왕위에 오른 문종

1450년(세종 32) 2월, 세종의 죽음과 함께 5년간 섭정을 하던 세자가 왕위에 오르니, 그가 제5대 왕 문종이다. 문종은 세종과 소헌왕후(昭憲王后)의 첫째 아들로, 한양의 사저(私邸)에서 태어났다. 이름은 향(珦), 자는 휘지(輝之). 부왕 세종이 왕위에 오르고 3년이 지난 1421년(세종 3) 8세의 나이에 세자로 책봉되었다. 그가 왕위에 올랐을 때 나이가 37세였으므로, 무려 29년이나 세자의 자리에 있었던 셈이다.

문종은 천성적으로 학문을 좋아해 책을 읽고 글씨 쓰는 것을 낙으로 삼았다. 그는 특히 문장이 뛰어났는데, 이와 관련한 일화가 전한다. 문종이 세자 시절에 집현전 학사들에게 귤을 보냈다. 그리고 즉석에서 귤을 담은 소반에 반초서(半草書)체로 귤시(橘詩)를 적었다. 이 시는 『용재총화(慵齋叢話)』에 실려 있다.

栴檀偏宜鼻	향나무 향기는 코에만 향기롭고
脂膏便宜口	기름진 고기는 입에만 달구나
愛最洞庭橘	가장 사랑스러운 동정의 귤은
香鼻又甘口	코에 향기롭고 입에도 달구나

세자의 시를 본 집현전 학사들은 뛰어난 문장과 글씨에 반해 서로 베껴 적으려고 소반을 놓지 않았다고 한다.

문종은 학문의 수준이 높아 고금의 사실을 환하게 관찰하고, 더욱이 성리학 연구가 깊어서 때때로 역대 치란(治亂)의 기틀과 선유(先儒) 학설의 이동(異同)을 신하들과 논했다. 또한 천문(天文)·역산(曆算)·성운(聲韻) 등의 분야도 깊이 연구했다. 조회(朝會)에 임해서는 침착하고 말이 적었다. 그의 말과 행동은 의젓하고 점잖았지만, 여러 신하와 더불어 이야기할 때는 태도가 온화했다. 혹시 누군가 틀린 말을 하더라도 너그럽게 용납해주었다. 그러니 사람들도 각기 마음속에 품은 생각을 허심탄회하게 말할 수 있었다.

문종은 효성이 지극하기로도 유명했다. 문종은 부왕 세종이 앵두를 좋아하는 것을 알고 궁에 손수 앵두나무를 심었다. 그리고 앵두가 익으면 부왕에게 가져다주었다. 이를 맛본 세종은 세자가 손수 심어 가져온 앵두의 맛이 가장 좋다며 기뻐했다고 한다. 이렇게 문종이 심은 앵두나무가 자라 성종 때에는 대궐에 온통 앵두나무뿐이었다고 한다.

『실록』에는 문종의 효성이 지극했음을 다음과 같이 전한다.

임금의 성품이 지극히 효성스러워 양궁(兩宮)에 조금이라도 편안치 못한 점이 있으면 몸소 약 시중을 들어서 잘 때도 띠를 풀지 않으시고 근심하는 빛이 얼굴에 가득했다. 소헌왕후가 병이 났을 때 사탕(沙糖)을 맛보려고 했는데, 후일에 어떤 사람이 이를 올리는 이가 있으니, 임금이 이를 보시고는 눈물을 흘리면서 휘덕전(輝德殿)에 바쳤다. 세종이 병이 나자 근심하고 애를 써서 그것이 병이 되었으며, 상사(喪事)를 당해서는 너무 슬퍼해 몸이 바싹 여위셨다. 매양 삭망절제(朔望節祭)에는 술잔과 폐백을 드리고는 매우 슬퍼서 눈물이 줄줄 흐르니, 측근의 신하들은 능히 쳐다볼 수가 없었다.

『문종실록』 13권, 문종 2년 5월 14일

문종은 여러 숙부도 공경해 섬겼다. 또한 형제뿐만 아니라 그 자식들도 무척 아끼고 사랑했는데, 형제가 모두 이런 문종을 잘 따랐다. 특히 동생인 광평대군(廣平大君)이 일찍 죽자 문종은 슬퍼하며 그의 아들을 거두어 궁중에서 양육했다. 문종의 이러한 효성과 우애는 천성에서 나온 것이며, 항상 지극정성으로 윗사람을 섬기고 아랫사람을 대우했다.

문종은 성품이 인자하고 총명했으며 사리에 밝았다. 세종은 이런 문종을 신임했다. 말년에 건강이 나빠지자 세종은 업무 부담을 줄이기 위해 1436년(세종 18)에 기존의 육조직계제(六曹直啓制)를 의정부서사제로 바꾼 데 이어 세자에게 서무를 결재하게 하려고 했다. 세자가 알아서 잘해주리라는 믿음이 있었기 때문이다. 그러나 신하들은 이에 반대했다. 예전부터 동궁에서 사무를 처리한 전례가 없다는 것이 이유였다.

여러 신하의 반대에도 세종은 1442년(세종 24)에 세자가 섭정하는 데 필요한 기관인 첨사원(詹事院)을 설치했다. 또한 세자에게 왕처럼 남쪽을 향해 앉아서 조회를 받게 하고, 모든 관원은 뜰 아래에서 신하로 칭하도록 했다. 또한 국가의 중대사를 제외한 서무는 모두 세자에게 결재를 받으라는 명을 내렸다. 이에 경복궁에 수조당(受朝堂: 세자가 신하들의 하례를 받는 곳)을 새로 짓고 세자가 섭정하는 데 필요한 체제를 마련했다. 이렇게 문종은 1445년(세종 27)부터 섭정을 시작했다.

문종은 세종이 죽을 때까지 섭정을 계속하다가 그대로 즉위했다. 문종은 섭정하는 동안 실제 정치를 접하며 경험을 쌓았기 때문에 즉위 후에도 별다른 무리 없이 세종 후반기의 분위기를 계속 이어갈 수 있었다. 학문을 좋아했던 문종은 집현전 학사들을 특별히 아꼈는데 이것이 집현전 출신 인재들이 적극적으로 정사에 참여하는 계기가 되었다. 결과적으로는 왕권 약화의 원인으로 작용하고 만다.

평탄하지 못했던 가족사

문종은 세자 시절인 1427년(세종 9)에 김오문(金五文)의 딸 휘빈(徽嬪) 김 씨와 혼인했다. 그러나 문종은 4살 연상인 휘빈 김 씨를 가까이하지 않았다. 그러자 김 씨는 은밀한 술법을 동원해 문종의 사랑을 얻으려고 했다. 이러한 불순한 행실은 결국 세종의 귀에까지 들어가게 되었다. 세종은 김 씨를 친정으로 쫓아내며 다음과 같이 말했다.

> 슬프다, 정말 이런 일이 있었구나. 아아, 세자를 정하고 그 배필을 간택한 것은 진실로 장차 종묘의 제사를 받들며, 어머니로서 궤범(軌範)이 되어 만세(萬世)의 큰 복조를 연장하려고 한 것이었다. 지금 김 씨가 세자빈이 되어 아직 두어 해도 못 되었는데, 그 꾀

하는 것이 감히 요망하고 사특함이 이미 이와 같기에 이르렀으니, 오히려 어찌 그가 투기하는 마음이 없고 삼가고 화합하는 덕을 드러내며, 닭이 세 차례 울어 새벽이 되었다고 알리어 내조를 이룩하고, 종사(螽斯)의 상서를 불러들일 것을 바랄 수 있겠는가. 이러한 부덕한 자가 받드는 제사는 조종(祖宗)의 신령이 흠향하지 않을 것이며 왕궁 안에 용납할 수 없는 바이니, 도리대로 마땅히 폐출시켜야 할 것이다. 내 어찌 그대로 둘 수 있겠는가.

『세종실록』 45권, 세종 11년 7월 20일

휘빈 김 씨의 아버지 김오문도 딸의 폐출과 함께 삭탈관직 되었는데, 수치심을 이기지 못한 그는 딸을 목매 죽도록 한 후 자신도 자결했다.

이후 문종은 1429년(세종 11)에 봉여(奉礪)의 딸을 새 세자빈으로 맞았다. 그가 순빈(純嬪) 봉 씨다. 그러나 문종은 순빈 봉 씨도 가까이하지 않았다. 성품이 괄괄하고 기가 센 순빈 봉 씨를 문종이 부담스러워한 탓이었다. 이에 세종은 후사가 걱정된다는 신료들의 의견을 받아들여 세자에게 세 명의 소실을 얻어주었다. 이 세 명의 소실 중 한 명이 훗날 단종을 낳은 권 씨다.

문종은 소실들의 거처를 드나들기 시작했지만, 여전히 순빈 봉 씨의 처소에는 좀처럼 들지 않았다. 화가 난 순빈 봉 씨는 술을 마시고 행패를 부리는가 하면, 심지어 외로움을 달랜다며 궁녀들과 추문을 일으키기도 했다. 이는 세종의 심기를 더욱 불편하게 했다. 결국 순빈 봉 씨도 휘빈 김 씨와 같은 이유로 1436년(세종 18)에 폐출되고 말았다.

이처럼 문종의 가정사는 순탄치 못했다. 왕위에 오르기도 전에 벌써 2명의 세자빈이 폐출되는 불운을 겪은 것이다. 이후 문종은 새로 세자빈을 간택하지 않고 세 명의 소실 중에서 권 씨를 세자빈으로 맞이했다. 권 씨는 문종과의 사이에서 1남 1녀를 낳았다. 첫째 딸이 경혜공주고, 세자빈이 된 후 낳은 아들이 노산군이다. 그런데 권 씨는 노산군을 낳고 3일 만에 죽었다. 권 씨는 훗날 현덕왕후(顯德王后)로 추존되었다.

결국 세자빈만 3명을 잃은 문종은 더 이상 세자빈을 두지 않았다. 그리고 왕위에 오른 뒤에도 정비가 없는 상태로 짧은 치세를 마쳤다. 문종은 몸이 허약했고 여색도 즐기지 않았다. 앞서 2명의 세자빈이 폐출된 데에는 문종의 책임도 있었다. 어쨌든 문종은 39세에 세상을 떠날 때까지 많은 자식을 두지 못했다. 세자빈 권 씨가 낳은 2명의 자식 외에 후궁인 사칙(司則) 양 씨가 낳은 딸 1명이 더 있을 뿐이었다.

진법의 완성

문종은 세자 시절부터 병법 연구와 병기 제작에 유난히 관심이 많았다. 그리하여 즉위 후에는 기존의 각종 진설(陣說)을 바탕으로 새로운 진법(陣法)을 찬술하게 했다. 이것이 1451년(문종 1)에 나온 『오위진법(五衛陣法)』이다.

진법이란 전투의 승리를 위해 군을 편제하고 훈련시키는 방법을 말한다. 우리나라에는 신라 시대에 『화령도(花鈴圖)』, 고려 시대에 『김해병서(金海兵書)』 등의 진법이 있었다고 한다. 그러나 이것들은 중간에 모두 사라져 전해지지 않는다. 현재 전해지는 우리나라 고유의 병법 중에서 가장 오래된 것은 조선 초기에 만들어진 『진법』이라고 할 수 있다.

조선 건국 초기에 진법이 만들어진 가장 큰 이유는 군 통수의 중앙집권화가 필요했기 때문이다. 태조가 새 왕조를 연 이후로 태종 대에 이르러 사병 혁파가 이루어지기 전까지 조선은 사병의 시대였다. 따라서 사병을 어떻게 통제하느냐가 정권의 운명과 직결되어 있었다. 한편 변계량(卞季良)은 병서 『진설문답(陣說問答)』에서 "우리의 지형은 중국과는 다른데 중국의 병법을 그대로 적용할 수는 없지 않은가"라고 했다. 이처럼 우리 고유의 군사 체계를 개발하려는 주체 의식도 진법 제작의 또 다른 배경이 되었다.

조선 시대의 병서는 대체로 장병에 대한 정신훈화집이라고 할 수 있는 훈사류(訓辭類)와 역대 전쟁 기록을 발췌해 만든 전사류(戰史類), 군의 편제와 군법, 병기 해설과 전투 훈련법 등을 기술한 교범류(敎範類), 그리고 조선 후기 실학자들이 강조한 산성(山城) 중심의 농민 자위 체계인 민보(民堡: 일종의 민방위 체제)에 대해 설명한 논설류(論說類) 등 네 가지로 구분할 수 있다. 『진법』은 이 중에서 교범류에 해당된다.

조선 건국 직후 정도전은 병권을 총괄하면서 군사 훈련과 군제 정비에 총력을 기울였다. 그 결과로『오행출진기도』『강무도』『진법』등을 편찬했다. 그리고 요동 정벌을 매개로 이를 전국에 걸쳐 시행했는데, 본래의 목적은 종친과 공신 계열이 소유하던 사병 세력을 견제하기 위함이었다. 현재『삼봉집(三峰集)』의『진법』만이 전해져오는데, 그 내용은 총론·결진·논장(論將: 장수를 논함)·전비(戰備: 전쟁을 준비함)·병기와 지형·승패·전기(戰機: 전투에서 이길 기회)·공수(攻守) 등으로 되어 있다. 또한 암기가 편하도록 짧은 문구로 기록되어 있다.

태종은 정도전을 제거한 후에도 그가 제작한 진법을 한동안 활용한 듯하다. 그러나 중앙집권화 과정에서 군의 완전한 통수는 무엇보다도 중요했고, 정도전의 진법이 이러한 시대적 소망에 점차 맞지 않자 새로운 진법서의 필요성이 대두되었다. 이에 태종은 왕위를 세종에게 양위하고 상왕의 자리에서 변계량에게 새로운 진법서를 만들어 올리도록 했다. 그 결과로 1421년(세종 3)에 『진도법(陳圖法)』이 나왔으나 새 진법서의 공개는 여러 논란을 불러일으켰다. 이를 변명하기 위해 변계량은 『진도문답』을 작성해 올리기도 했다. 『진도문답』은 당시 3대 병법으로 알려진 이제현(李齊賢)의 『진법』, 정도전의 『진법』, 하윤의 『진법』을 비교하고 서로 다른 점과 중국의 진법 적용 여부 등에 관해서 언급했다.

이후 12년이 지난 1433년(세종 15)에는 하경복(河敬復), 정흠지(鄭欽之) 등이 세종의 명을 받아 『진도법』을 보완해 새롭게 『계축진설(癸丑陣說)』을 선보였다. 현재 전하지 않아 정확한 내용을 알 수 없지만 『오위진법』의 모체가 되었다는 점에서 의의가 크다.

『오위진법』은 문종의 동생인 수양대군이 서문을 쓰고, 정인지·김효성(金孝誠) 등이 내용을 검토해 주석을 붙였다. 최초로 국왕에 의해서 제작된 병법서라는 점에 의의가 있다. 또한 이 책의 발간은 단순한 병법서의 완성을 의미하는 데 그치는 것이 아니라 조선 시대 군의 통수 체계와 전투 조직이 비로소 완성되었음을 의미한다. 이 진법은 분수(分數: 병력의 편제와 인원)·결진(結陣)·용병(用兵)·군령(軍令)·장표(章標: 휘장과 표시)·대열의(大閱儀: 임금이 군대를 정렬해놓고 친히 행하던 검열 의식)로 구성되어 있다. 그 내용이 지휘통신에서부터 군법, 전투 훈련에 이르기까지 군사에 관련된 거의 모든 사항을 다루고 있다.

한편 수양대군은 왕위에 오른 후 자신이 서문을 썼던 『진법』을 1455년(세조 1)에 개수했다. 이개(李塏)·한계희(韓繼禧) 등에게 명해 주석이 미진한 부분을 보완하고 해설을 덧붙이게 했다. 또한 각종 그림을 더하고 이계전(李季甸)에게 교정을 보게 했다. 그리고 이것을 작은 활자로 인쇄해 간행했는데, 이를 『소자진서(小字陣書)』라고 한다. 4년 뒤인 1459년(세조 5)에는 개수한 『진법』을 다시 큰 활자로 인쇄한 『대자진서(大字陣書)』를 간행했다. 그런데 『소자진서』와 『대자진서』는 같은 내용이지만 목차와 내용이 조금씩 달라서 이를 보고 이용하기에 불편한 점이 있었다. 그리하여 성종 대에 이르러 이를 하나로 통일한 진법을 만들었다.

오위의 정비

아무리 위대한 통치자가 있어도 뒤에서 지지해주는 군사력이 없으면 권력은 유지되기 어렵다. 더군다나 군사력은 비단 국내에 존재하는 권력자의 기득권만을 보호하는 것이 아니라 이민족으로부터 백성을 보호하는 유일한 수단이라는 점 때문에 존재 가치가 더욱 높다. 따라서 어느 왕에게나 군사력의 구축은 매우 중요한 부분이었다.

조선 역시 예외가 아니었다. 특히 전 왕조인 고려가 멸망한 이유가 군사 조직을 일원적으로 통제하지 못했기 때문이라는 점을 조선의 지배층은 잘 알고 있었다. 태조 이성계 자신도 중앙의 군 통수가 미치지 않는 사이에 동북면에서 강력한 군사력을 키우지 않았던가. 따라서 새 왕조에서는 국왕을 정점으로 하는 강력한 군사 체제의 구축에 심혈을 기울였다.

우선 조선은 여말에 설치된 삼군총제부(三軍摠制府)를 의흥삼군부(義興三軍府)로 개편한 뒤 이를 곧 의흥친군좌위와 의흥친군우위로 나누었다. 그리하여 고려의 중앙군 조직인 팔위(八衛)와 함께 십위(十衛)의 중앙군 조직을 갖추었다. 그리고 국왕으로부터 위임받은 재상이 발명권(發命權)을 장악했다. 이는 사병을 거느린 절제사와 각 위의 장군들에게 재상이 명령을 내릴 수 있다는 것을 의미했다. 다시 말해, 정도전을 중심으로 하는 문신 세력에게 군수권(軍帥權)을 장악하게 한 것이다.

이 체제는 1394년(태조 3)에 십위를 십사(十司)로 개편하면서 변화를 거쳤다. 십사 중에서 4개의 사를 중군(中軍)으로 해 궁궐을 호위하는 시위사(侍衛司)로 삼고, 나머지 6개의 사를 좌·우군으로 해 한양을 지키는 순위사(巡衛司)로 두었다. 그러나 사병을 거느린 무신 세력이 여전히 건재한데다 문신이 이들을 효과적으로 통제할 수단을 확보하지 못한 상황이 계속되면서 여러 군제 개혁은 의도한 만큼의 성과를 거두지 못했다. 진법을 둘러싼 갈등은 이러한 사실을 단적으로 보여주는 사례라고 할 수 있다.

그런데 두 차례에 걸친 왕자의 난 이후 상황은 크게 반전되었다. 사병을 혁파하고 모든 군사가 공적인 목적을 위해 봉사해야 한다는 명제에는 태종과 정도전 모두 의견이 같았다. 그러나 정도전이 재상을 중심으로 하는 통수권 확보를 의도한 반면, 태종은 철저히 국왕을 중심으로 한 일원적인 군사 조직을 이상적인 형태로 여겼다. 이러한 태종의 의지는 중앙군제 개편에 그대로 반영되었다. 1409년(태종 9)에 십사의 임무를 개편할 때 1개의 사를 제외한 나머지 9개의 사를 모두 왕궁 시위에 복무하게 했다. 이러한 태종의 의지는 후대로 이어져 군제 개편의 기본 정신으로 자리 잡게 되었다.

한편 십사의 중앙군제는 1418년(태종 18)에 십이사(十二司), 1422년(세종 4)에 십사 그리고 1445년(세종 27)에 다시 십이사로 변화를 거듭했다. 그러다 문종이 즉위한 후인 1451년(문종 1)에 마침내 오사(五司)로 개편되었다. 중군에 의흥사(義興司)·충좌위(忠佐衛)·충무사(忠武司)를, 좌·우군에 용양사(龍驤司)와 호분사(虎賁司)를 각각 배속시켰다. 이렇게 만들어진 오사는 2개의 사가 근무하면 나머지 3개의 사는 비번으로 3일마다 교대로 근무하는 것을 원칙으로 했다. 또한 각자의 고향으로 내려가서는 해당 지역의 지방군 체제에 속하게 해 전투력의 손실을 최소화했다.

오사는 1457년(세조 3)에 오위(五衛)로 개편되었는데, 이름만 바뀌었을 뿐 조직과 운영 원칙은 오사 때와 동일했다. 따라서 오위 체제는 문종 때 완성된 것이라고 할 수 있다. 이렇게 오위 체제로 군사 조직을 개편한 목적은 문종이 개발한 『오위진법』에 맞춰 부대를 개편하기 위해서였다. 『오위진법』은 오군(五軍)·오진(五陣)·오위(五衛)를 축으로 하는 것으로, 군사 문제에 조예가 깊었던 문종의 혜안을 엿볼 수 있다.

오위의 최고 군령기관인 오위도총부(五衛都摠府) 아래에는 총 25개의 부(部)가 있고, 각각의 부에는 전국의 지방군인 진관(鎭管) 군사가 분속되어 있었다. 이는 국가 비상사태가 발생했을 때 지방의 군사를 동원할 수 있도록 지역별 편성안을 마련한 것으로, 국가에 의해 통일된 중앙군과 지방군이 운영되었음을 의미한다. 이러한 원칙은 『경국대전』이 편찬될 때 그대로 반영되었으며, 조선 중앙 군사 조직의 골간을 이루었다.

오위와 오위도총부는 병조에 속했는데, 명목상으로는 병조가 병정(兵政)을 총괄하고 오위도총부는 군무(軍務)를 총괄한다고 되어 있었다. 그러나 실질적으로는 병조가 인사 문제와 정책 수립 등에 철저하게 우위를 점하고 있었다. 병조의 관리가 대부분 문신이었음을 감안하면, 무반의 최고 기구인 중추부를 문신이 장악하고 있었음을 알 수 있다. 즉 조선은 문반이 무반에 비해 사회적으로 우위를 차지하고 있었으며, 군사 조직 개편 역시 철저히 문치주의 실현이라는 명제에서 이루어졌음을 보여준다.

오위 조직은 15세기 후반부터 붕괴되기 시작했다. 우선 중종조에 비변사(備邊司)가 설치되어 오위도총부는 점차 기능을 상실하게 되었고, 이후 포를 내고 군역을 면제받는 수포대역제(收布代役制)가 성행하면서 오위조차도 근저가 서서히 흔들리게 되었다. 결국 임진왜란 이후 오군영(五軍營)이 설치되어 중앙군을 중심으로 하는 군사 조직이 만들어지자 오위는 유명무실하게 되었다. 그러다 1882년(고종 19)에 군제 개혁이 이루어지면서 완전히 혁파되었다.

2년 4개월의 짧은 치세

문종은 왕위에 오른 지 겨우 2년 4개월 만에 죽었다. 그래도 짧은 기간에 많은 일을 했다. 앞서 서술한 바와 같이 오위를 설치하고 친히 진법을 만들었다. 이를 통해 사졸(士卒)들을 교련하고 여러 군대를 정리해 중앙과 지방의 군정(軍政)이 정비되었다. 또한 국경을 비롯한 전국의 주요 읍성을 개축해 외부 침략에 대비했다. 한양을 필두로 경기도·충청도·황해도·

강원도·평안도·함경도·전라도·경상도 등 각 도의 주요 읍성
들을 수축하거나 개수했으며, 변경인 의주·용천·삭주 등지의
읍성과 온성·종성 등지의 성도 새로 수축하거나 보수했다.

　세종 대에 이어 편찬 사업도 활발히 전개했다. 우선 총
163권에 이르는 방대한 분량의 『세종실록』을 편찬하게 했다.
황보인·김종서·정인지 등이 총재감수(總裁監修)를 했는데, 문
종의 재위 기간에 완결되지는 못했지만 대부분 이때 완성되
었다. 또한 조선의 전사(戰史)를 담은 『동국병감(東國兵鑑)』을
비롯해 세종이 제작한 아악보를 정리하여 『연향아악보(宴享雅
樂譜)』 등을 간행했다. 세종 때부터 김종서 등이 편찬 작업을
해온 『고려사(高麗史)』와 『고려사절요(高麗史節要)』의 간행도
문종 때 이루어졌다. 문종은 이를 중외(中外)에 반포하고 각
사고에 나누어 보관하게 했다.

　문종은 인재를 기용할 때 현명한 사람이 승진하지 못하는
것을 염려했다. 그래서 의정부와 이조에 명령해 경관(京官)과
외관(外官)의 유능한 사람을 승진시키고 무능한 사람을 물리
치는 것을 의논하도록 했다. 또한 문관 6품과 무관 4품 이상
의 관원에게 덕과 재능이 있는 사람을 각각 두서너 명씩 천거
하게 했다. 그렇게 천거된 사람들에게 정치 혹은 행정의 잘잘
못이나 민간에서 벌어지는 병폐와 폐단까지 아울러 진술하게
한 후 골라 뽑았다. 이는 탐관오리를 물리쳐 해악을 없애고자

한 것이다. 또한 4품 이상의 관원에게만 허가했던 윤대(輪對: 신하들이 차례로 임금에게 정치에 관한 의견을 말하는 일)를 6품 이상의 관원에게로 확대했다. 여러 관원의 이야기를 폭넓게 듣고 그들과 허심탄회하게 의견을 주고받고자 한 것이다.

백성을 위하는 마음이 컸던 문종은 "어떻게 하면 정사가 까다롭지 않고 형벌이 번거롭지 않아서 우리 백성이 탈 없이 편안할 수가 있겠는가?"라고 자주 탄식했다. 이 또한 말로만 그치지 않고 형벌을 신중히 하라는 「교서」를 통해 얼사(臬司: 사법관)를 꾸짖고 타일렀다. 한번은 황해도에서 역질이 크게 유행한 적이 있었는데, 이를 근심한 문종은 손수 제문(祭文)을 짓고 관원을 보내 제사를 지내게 했다. 농업에도 관심이 많아 감사와 수령을 볼 때마다 경작과 수리(水利) 문제에 힘써달라며 격려했다.

또한 조선 건국과 함께 핍박받았던 고려왕조의 왕(王) 씨 후손을 찾아서 작위를 높이고 전택과 노비를 하사해 조상의 제사를 받들게 했으며, 대대로 작위를 물려받도록 했다. 고려의 훌륭한 신하들 중에서 덕망이 있는 사람은 사당[廟]에 배향(配享)하도록 명했다.

세자 시절부터 집현전 학사들에게 남다른 애정이 있었던 문종은 후학 양성에도 관심이 많았다. 그리하여 관각(館閣: 홍문관과 예문관)을 겸한 대소 유신들에게 명해 돌아가면서 성균관에 나가 여러 유생과 더불어 강론하도록 했다. 또한 유생들에게 술과 음식을 자주 하사했다.

불교에 대해서는 기존의 정책을 고수했다. 특히 군대의 정원을 늘리기 위해 「교서」를 내려 도승(度僧: 도첩을 받은 승려)의 금령을 더욱 엄중히 했다. 문종은 가까운 신하들에게 "석씨(釋氏: 석가모니)의 마음 다스리는 법은 유자(儒者: 유학자, 선비를 일컬음)의 내심(內心)을 바르게 하는 공부와 가깝지만 실제로는 서로 거리가 멀므로, 마침내 천하와 국가를 다스릴 수는 없으니 장차 무슨 소용이 있겠는가?"라고 말하곤 했다.

문종은 부왕 세종의 삼년상을 치르면서 병이 들었는데, 몸이 편안하지 못한 와중에도 나라를 근심하고 정사를 부지런히 돌봤다. 왕의 건강을 우려한 이들이 날을 걸러 정사를 보고 정신을 편안히 수양하기를 청하자 문종은 "군주가 향락을 즐긴다면 비록 천년을 살더라도 부족하겠지만, 그렇지 않으면 비록 1년이라도 또한 만족할 것이다. 반드시 나라를 근심하고 정사를 부지런히 해야 할 것이고 스스로 안일해서는 안 된다"고 했다. 또 말하기를 "옛날에 안에서는 여색에 빠지거나, 밖에서는 수렵에 탐닉하거나, 술을 즐겨 마시고 음악을 좋아하거나 높은 가옥과 화려한 원장(垣墻: 울타리)을 한결같이 좋아하는 사람이 있었으니, 이것은 군주의 공통된 걱정이다. 나는 천성이 이런 것을 좋아하지 않으니 비록 권하는 사람이 있더라도 능히 좋아할 수가 없다"고 했다. 또 가까운 신하들에게 "남녀와 음식의 욕심은 사람에게 가장 간절한 것인데, 고량(膏粱: 부유한 가문)의 자제들이 술과 여색으로 몸을 망치는 사람이 많이 있으므로, 내가 매양 여러 아우들을 볼 때마다 이 일로써 경계한다"고 했다.

그러던 문종이 1452년(문종 2) 5월 14일에 경복궁에서 갑자기 죽었다. 세자 시절부터 앓던 등창이 심해져 손을 쓰지 못하고 죽음에 이른 것으로 알려졌다. 문종은 세자 시절부터 종기로 고생했는데, 그와 관련한 내용이 『세종실록』에 다음과 같이 기록되어 있다.

지금 동궁의 종기[腫]는 의원의 착오로 쑥뜸이 익지 못했기 때문인데도, 이를 물은즉, "해가 없습니다" 하여, 동궁으로 하여금 배표(拜表: 조선 시대에 왕이 중국 황제의 표문을 받던 일)하고 조참(朝參: 한 달에 네 번 중앙의 문무백관이 정전에 모여 임금에게 문안을 드리고 정사를 아뢰던 일)까지 받게 했더니, 걸음걸이에 몸이 피로해 종기의 증세가 다시 성하게 한 것이었다. 또 실지로서 아뢰지 않아서 갑자기 중함이 이르게 하여 위태로운 증세가 심히 많았으니, 의원의 착오를 어찌 이루 말할 수 있겠느냐. 어쩔 수 없어 생명을 하늘에 맡겼더니, 다행하게도 종기의 근[腫核]이 비로소 빠져나와, 병세는 의심할 것이 없게 되어, 한 나라의 경사가 이에 지날 수가 없다.

『세종실록』126권, 세종 31년 11월 15일

세자가 작년 10월 12일 등 위에 종기가 났는데, 길이가 한 자가
량 되고 넓이가 5, 6치[寸]나 되는 것이 12월에 이르러서야 곪아
터졌으며, 창근(瘡根)의 크기가 엄지손가락만 한 것이 여섯 개나
나왔습니다. 또 12월 19일에 허리 사이에 종기가 났는데, 그 형체
가 둥글고 지름이 5, 6치[寸]나 되며, 지금까지도 아물지 않아 일
어서서 행보(行步)하거나 손님을 접대하는 것은 의방(醫方)에 꺼
리는 바로서 생사에 관계되므로, 역시 세자로 하여금 조서(早逝:
요절)를 맞이하게 할 수 없습니다.

『세종실록』127권, 세종 32년 1월 26일

평소에 금욕 생활을 했음에도 종기로 고생하던 문종은 재
위 기간 중 건강이 나빠져 결국 향년 39세의 나이로 생을 마
감했다. 태조의 능인 건원릉(健元陵)의 동남쪽에 있는 현릉(顯
陵)에 안장되었다.

제6대 단종, 왕조의 시련기를 맞이하다

12세의 어린 나이에 왕위에 오른 노산군

단종은 1452년 5월 18일 경복궁 근정전에서 즉위식을 갖고 왕위에 올랐다. 부왕 문종이 39세의 나이로 죽고 6일 만의 일이었다. 당시 단종의 나이는 12세에 불과했다.

단종은 1441년(세종 23)에 당시 세자였던 문종의 맏아들로 태어났다. 이름은 홍위. 그의 어머니 현덕왕후 권 씨는 문종의 소실로 들어왔다가 두 명의 세자빈이 폐출된 후 그 자리를 대신했다. 그러나 단종을 낳고 3일 만에 죽고 말았다. 단종이 태어났을 때 문종의 나이는 28세였다. 세자빈이 두 번이나 폐출되는 불행을 겪은데다 병약했던 체질 때문에 첫 아들의 탄생이 늦어진 것이다. 세종 또한 손자의 탄생을 매우 기뻐했다. 그리고 근정전에 나아가 여러 신하의 축하를 받고 대사면(大赦免)을 실시해 백성과도 기쁨을 나눴다.

문종이 더 이상 세자빈을 들이지 않은 탓에 단종은 모후 없이 세종의 후궁인 혜빈(惠嬪) 양 씨의 손에서 자랐다. 형제로는 동복누나인 경혜공주와 이복동생인 경숙옹주가 있었다. 단종은 8세 때인 1448년(세종 30)에 왕세손에 책봉되었으며, 1450년(세종 32)에 문종이 즉위하면서 왕세자에 책봉되었다. 그리고 이개, 유성원(柳誠源) 등에게 왕세자 교육을 받았다.

12세의 어린 나이로 왕위에 오른 단종에게는 왕권을 지탱할 구심점이 없었다. 수렴청정할 대비도 없었고, 아직 혼례를 치르지도 않았기 때문에 믿고 의지할 외척도 없었다. 문종이 죽기 전에 취한 조치라고는 김종서·황보인 등 원로대신들에게 아들을 부탁하는 정도가 전부였다. 문종의 부탁을 받은 이른바 고명대신들은 단종의 즉위와 함께 자연스럽게 득세하게 되었다. 이들의 권력 장악은 수양대군과 안평대군을 비롯한 종친 세력과 권력의 중심에서 밀려난 소외 세력의 반발을 일으켰다. 이러한 권력 구도는 결국 정국을 불안하게 하는 요인으로 작용했다. 이들의 대립은 나날이 격화되었으나, 이러한 상황을 중재할 만한 지위나 권한을 가진 사람이 없었다. 단종은 이름만 왕이지 왕으로서 할 수 있는 일이 아무것도 없었다. 자신의 의사와 상관없이 돌아가는 정치 현실에 떠밀려 다니는 신세였다. 결국 단종의 즉위로 조선왕조의 왕권은 건국 이래 가장 약화되었고, 이것이 처절한 권력 투쟁의 빌미를 제공하게 된 것이다.

고명대신 김종서와 황보인

김종서는 세종의 굳건한 신임을 받으며 7년여 동안 함길도(咸吉道: 지금의 함경도) 도절제사로 있으면서 북방 6진 개척의 공을 세웠다. 그리고 1440년(세종 22)에 형조판서로 임명되어 중앙으로 돌아왔다. 중앙에 와서도 김종서는 함길도의 방어 정책 등 국경 수비에 관한 일에 적극적으로 참여했다. 세종은 "함길도의 사변(事變)과 방어하는 등의 일은 반드시 형조판서 김종서와 같이 의논하게 하라"고 병조에 명하기도 했다.

세종이 죽고 문종이 즉위한 후에도 김종서에 대한 신임은 계속되었다. 그리고 1451년(문종 1), 그는 우의정에 올랐다. 당시 영의정은 황보인, 좌의정은 남지(南智)였다. 건강이 좋지 않았던 문종은 세 정승에게 전적으로 의지하는 상황이었고, 의정부 대신인 이들의 영향력은 점차 커졌다. 그러다 문종이 왕위에 오른 지 2년 4개월 만에 죽고, 어린 노산군이 왕위에 오르니 고명대신인 정승들이 정국을 좌지우지하게 되었다.

김종서는 단종을 부탁한 문종의 유언을 받들어 종친 세력의 수장격인 수양대군을 경계하고 단종을 보필하는 데 힘썼다. 정치적인 야망이 컸던 수양대군에게는 김종서가 가장 두려운 존재였다. 70세에 가까운 나이였지만 북방을 호령하던 장군의 기개와 강직함이 살아 있는 그가 단종 옆을 지키고 있는 한 쉽게 왕권에 도전할 수 없었다. 계유정난을 일으킨 수양대군이 제일 먼저 김종서를 죽인 것도 그가 가장 위협적인 인물이었기 때문이다.

김종서는 뛰어난 무장이자 재상이었지만, 고명대신의 자격으로 단종을 보필하는 과정에서 황표정사(黃標政事)의 전횡을 저지른 오점을 남기기도 했다. 황표정사란 인재를 뽑을 때, 추천하는 사람의 명단을 적어 왕에게 올리면서 적임자의 이름 위에 노란색 점을 찍어 올리면 왕이 그 사람을 임명하는 것을 말한다. 그러니까 임명될 사람은 이미 정해졌고 왕은 그저 형식적으로 이를 허락하는 것뿐이었다. 원래 황표정사의 취지는 스스로 판단할 능력이 부족한 어린 단종을 돕고자 한 것이었다. 그러나 수양대군과 안평대군을 중심으로 조정 대소신료의 편이 갈린 상황에서 자신의 사람을 요직에 심어놓으려는 경쟁이 심해지다 보니 황표정사는 어느새 정쟁의 수단으로 전락하고 말았다. 더구나 인사행정은 이조에서 관장하는 것이 원칙이었는데, 이러한 원칙이 무시된 점은 비난의 여지가 있었다. 결국 황표정사는 수양대군이 집권한 뒤에 폐지되었다.

의정부 대신 세력의 또 다른 축인 황보인은 1414년(태종 14)에 친시 문과에 급제했으며, 세종 때 장령·강원도 관찰사를 거쳐 병조판서가 되었다. 1440년(세종 22)에는 평안·함길도 도체찰사가 되어 10년 동안 도절제사인 김종서와 함께 6진 개척에 힘썼다.

이후 중앙으로 돌아온 황보인은 좌·우찬성을 거쳐 우의정이 되었으며, 1452년(문종 2) 영의정이 되었다. 김종서·남지 등과 함께 문종의 유명을 받들어 단종을 보필하다가 계유정난 때 수양대군에게 살해되었다. 한편 좌의정을 지낸 남지는 당시 병중이었던 관계로 화를 면했다.

계유정난

1453년(단종 1) 10월 10일, 조선의 역사에 일대 파란을 일으킨 사건이 발생했다. 이른바 계유정난이라 불리는 사건으로, 문종의 동생이자 단종의 숙부인 수양대군이 쿠데타를 일으켜 정권을 장악한 것이다.

당시 단종은 13세의 어린아이였고, 국가의 중요 대사는 고명대신인 황보인, 김종서 등을 비롯한 의정부 대신들에 의해 처리되고 있었다. 문종의 유언을 받든 대신들이 대비의 역할을 대신하게 된 것이다.

이처럼 대신들이 권력을 장악한 정치 구도에서는 왕권이 필연적으로 약해질 수밖에 없었다. 태종이 그토록 염원하며 강화에 힘썼고, 세종 대에 이르러 마침내 강력한 힘을 발휘한 왕권이었다. 그러나 문종 대를 거쳐 단종 대에 이르러 왕권은 거의 없는 것이나 마찬가지일 정도였다. 단종이 성년이 되려면 최소한 7~8년은 지나야 했으므로 그때까지 왕권 강화는 요원할 수밖에 없었다.

이런 상황 속에서 종친 세력이 신료 세력을 견제하기 시작했고, 두 세력 간의 권력 다툼이 일어났다. 종친 세력을 대표하는 사람은 세종의 둘째 아들인 수양대군과 셋째 아들인 안평대군이었다. 수양대군과 안평대군은 친형제로 단종의 숙부였다. 그런데 이 두 사람의 기질은 서로 달랐다. 수양대군은 무예를 좋아하고 결단력이 있는 성격으로, 정치적인 야심도 큰 사람이었다. 그의 주변에는 대신 세력에 반발하는 소장파 신료들뿐만 아니라 무인·건달·깡패 등 잡다한 인물이 몰려들었다. 반면 안평대군은 학문과 예술을 좋아했다. 그런 그에게는 학자와 관료들이 몰려들었다.

두 사람 중 서열상으로는 수양대군이 위였다. 그러다보니 수양대군은 신료 세력에게 집중 견제를 받았다. 의정부 대신들은 안평대군을 지지하면서 수양대군을 견제하고, 이 때문에 종친 세력 내부에 분열이 생겼다. 그러면서 형제지간인 수양대군과 안평대군의 대립이 점점 격렬해졌다.

한편 신료 세력은 대신들과 더불어 집현전 학사 출신의 소장파가 포진하고 있었다. 이들 역시 서로 반목하며 내부 분열을 겪고 있었다. 집현전 출신들은 의정부 대신들의 독단적인 정국 운영에 불만이 많았고, 이들은 자연스럽게 의정부 대신들에 맞서 수양대군을 지지하게 되었다.

초반의 세력 판도는 의정부 대신들의 지지를 받은 안평대군에게 유리했다. 특히 안평대군 주변에는 문인과 학자가 많아서 이들이 중심이 되어 여론을 주도할 수 있었다. 누가 봐도 대세는 안평대군 쪽으로 기울고 있었다. 그러나 이러한 판도를 전혀 다른 시각으로 바라보는 사람이 있었다. 바로 수양대군의 책사인 한명회였다. 한명회는 수양대군에게 "지금은 세상이 돌변했습니다. 현재와 같은 상황에서 문신은 쓸 곳이 없습니다. 나리는 반드시 무사들과 결탁하셔야 합니다"라고 말했다. 당시와 같은 비상시국에는 문신보다는 오히려 무신이 필요하다는 것이었다. 이러한 한명회의 조언대로 수양대군은 무신을 적극적으로 포섭했다.

그런데 종친인 수양대군이 공공연하게 주변에 무신을 모으면 역모의 의심을 살 수 있었다. 이러한 위험부담을 줄이기 위해 한명회가 꾀를 내었다. 우선 사람들의 의심을 사지 않기 위해 활쏘기 대회를 개최한다는 명분을 내세웠다. 활쏘기 대회는 모화관(慕華館)과 훈련원에서 시행하고, 이를 핑계로 음식을 풍족하게 장만해 무사들에게 대접하자는 것이었다. 한명회의 생각대로 수양대군은 활쏘기 대회를 자주 열었다. 그러자 얼마 지나지 않아 수양대군의 휘하에는 홍달손(洪達孫)·홍윤성(洪允成)·양정(楊汀) 등을 비롯해 많은 무사가 모였다. 이들은 수양대군이 쿠데타를 일으켜 성공적으로 정권을 잡는 데 결정적인 역할을 했다. 이 밖에도 수양대군의 곁에는 권람(權擥)과 같은 문신과 그를 통해 포섭한 한명회·정인지·신숙주·정창손(鄭昌孫) 등의 집현전 학사들이 함께했다.

안평대군 역시 나름대로 자신의 입지를 다지고 있었다. 황보인·김종서·민신(閔伸) 등의 문신들을 세검정 별장이나 용산강 뱃놀이에 초대해 결의를 다지곤 했다. 안평대군의 모사로는 이현로(李賢老)가 활약했다. 그는 여러 문신을 끌어모으는 한편 유사시 움직여줄 무사들도 모았다.

그러던 중 수양대군이 명나라에 사신으로 가게 되었다. 수양대군은 명나라와 미리 유대를 맺어놓는 것이 필요하다는 판단에 사행길을 자원한 터였다. 안평대군 쪽에서는 수양대군이 자리를 비운 사이에 쿠데타를 일으켜 정권을 장악할 계획을 세웠다. 그러나 계획은 실행되지 못하고 차일피일 미뤄졌다. 명나라 사행을 마치고 돌아온 수양대군은 안평대군이 10월 20일경에 정변을 일으키려고 한다는 항간의 소문을 들었다. 이미 조정에는 안평대군의 사람이 가득한 상황이었다. 마음이 조급해진 수양대군은 한명회·권람 등과 의논해 선수를 치기로 하고, 거사일을 10월 10일로 잡았다. 그런데 이 모의가 외부에 누설되고 말았다. 그러자 수양대군 일파 내부에 동요가 일었다.

수양대군은 사태를 수습하기 위해 10월 10일 아침에 추종자들을 자신의 집으로 황급히 소집했다. 추종자들 사이에 의견이 분분했다. 일부는 우선 왕에게 보고한 후 사태의 추이를 지켜보자고 했고, 또 일부는 눈치를 보며 도망가기 바빴다. 이처럼 내부적으로 결속되지 않고 우왕좌왕하는 상황이 되자, 한명회와 홍윤성이 수양대군에게 결단을 촉구했다. 한명회는 "길옆에 집을 지으면 3년이 지나도 완성이 되지 않는다"고 했고, 홍윤성은 "군대를 사용하는 방법 중에서 머뭇거리는 것은 최고로 꺼리는 일"이라며 재촉했다. 반면에 송석손(宋碩孫) 등은 수양대군의 옷자락을 잡아끌며 만류했다. 그러자 수양대군은 그의 손을 뿌리치며 말했다.

"나는 너희에게 강요하지 않겠다. 따르지 않을 자는 가라. 대장부가 이 세상에 태어나서 한 번 죽는다면 사직에서 죽는 것이다. 나는 혼자서라도 가겠다. 계속 만류하는 자가 있다면 먼저 그부터 목을 베겠다"

그리고 수양대군이 앞장서서 나섰다. 날은 이미 어두워지고 있었다. 수양대군은 김종서의 집으로 갔다. 의정부 대신들의 중심인 그부터 제거하기 위해서였다. 수양대군의 충복인 임운(林芸)이 그 뒤를 따랐고, 한명회의 명을 받은 양정·홍순손(洪順孫)·유서(柳溆)가 무기를 숨긴 채 따라갔다.

수양대군이 김종서의 집에 들이닥쳤을 때 집 앞에는 김종서의 아들인 김승규(金承珪)가 신사면(辛思勉)·윤광은(尹匡殷)과 이야기를 나누고 있었다. 수양대군이 김종서를 만나겠다고 청하자 김승규가 들어가 고했다. 김종서는 밖으로 나오지 않고 멀찍이 서서 안으로 들어오라고 했다. 그러나 수양대군은 이런저런 다른 말을 하면서 안으로 들어가지 않았다. 이때 마침 수양대군의 사모뿔이 떨어졌다. 수양대군은 사모뿔을 빌리자고 했고, 김종서가 아들 승규에게 안에 들어가 사모뿔을 가져오게 했다. 수양대군은 이 틈을 놓치지 않고 청을 드리는 편지가 있다면서 김종서를 가까이 다가오게 했다. 그리고 김종서가 편지를 달빛에 비추어 보려고 돌아선 순간 임운을 시켜 철퇴로 그를 가격했다. 김종서가 쓰러지자 놀란 김승규가 달려 나와 몸을 날렸다. 그러자 양정이 칼로 그를 베었다.

이렇게 의정부의 핵심 인물인 김종서와 그의 아들을 살해

한 수양대군은 곧바로 단종을 찾아갔다. 그사이 대궐과 사대문(四大門)은 수양대군 일파의 병사들이 장악했다. 단종을 만난 수양대군은 김종서가 왕실을 위태롭게 하고 역모를 도모해 그의 목을 먼저 베었다고 보고했다. 그리고 단종의 왕명으로 조정 대신을 모두 입궐하게 했다. 당시 수양대군의 핵심 참모인 한명회는 쿠데타에 대비해 죽일 사람과 살릴 사람의 명부를 기록한 이른바 살생부(殺生簿)를 가지고 있었다고 한다. 그리고 살생부에 따라 입궐하는 대신의 생사가 갈렸다. 영문도 모르고 입궐하던 황보인·조극관(趙克寬)·이양(李穰) 등 의정부 대신들은 한명회의 손짓 하나로 목숨을 잃었다. 반면에 집현전 출신의 정인지·신숙주 등은 목숨을 부지했다.

수양대군의 친동생인 안평대군은 유배를 갔다가 처형되었다. 태종이 일으켰던 왕자의 난 이후 정권을 잡기 위해 혈육을 제거하는 비정한 참상이 다시 한 번 일어난 것이다. 모든 악명을 짊어지고 가겠다던 태종의 노력은 불과 삼대(三代) 만에 무너지고 말았다. 세종 역시 자기 자식들 사이에서 이러한 일이 벌어질 줄은 미처 예상치 못했을 것이다.

어쨌든 이렇게 계유정난이라고 불리는 수양대군의 쿠데타가 마무리되었다. 이후 수양대군은 정권을 장악하고 스스로 '영의정부사판이병조겸내외병마도통사'라는 지위에 올랐다. 이는 수양대군이 의정부의 최고 책임자인 영의정이자 문신과 무신의 인사 부서인 이조판서와 병조판서를 겸임하며, 아울러 내외의 군사 통수권까지 갖게 되었음을 의미했다. 조선 관료 조직의 최고 요직을 모두 차지한 것이다.

계유정난으로 조선의 중앙 정치 세력과 국정 운영 방식에 커다란 변화가 일었다. 우선 수양대군의 반대편에 섰던 사람들은 살해되거나 유배되는 등 철저히 숙청되었다. 그리고 그 공백을 정난공신을 비롯한 수양대군의 사람들이 채웠다. 이후 수양대군은 단종을 폐위하고 왕위에 등극해 세조가 되었다. 세조 즉위 후에는 의정부의 재상을 중심으로 운영되던 국정이 국왕을 중심으로 운영되는 방식으로 바뀌었다.

정난공신은 계유정난에 공을 세운 사람들로, 1등 공신은 수양대군 자신을 비롯해 정인지·한확(韓確)·한명회·권람·홍달손·박종우(朴從愚)·김효성·이사철(李思哲)·이계전·박중손(朴仲孫)·최항(崔恒) 등 12명, 2등 공신은 신숙주·홍윤성·양정·유수·유하(柳河)·권준(權僎)·윤사윤(尹士昀)·봉석주(奉石柱)·곽연성(郭連城)·엄자치(嚴自治)·전균(田畇) 등 11명, 3등 공신은 성삼문(成三問)·이흥상(李興商)·이예장(李禮長)·김처의(金處義)·권언(權躽)·설계조(薛繼祖)·유사(柳泗)·강곤(康袞)·임자번(林自蕃)·유자황(柳子晃)·권경(權擎)·송익손(宋益孫)·홍순손·조윤(曹潤)·유서·안경손(安慶孫)·한명진(韓明溍)·한서구(韓瑞龜)·이몽가(李蒙哥)·홍순로(洪純老) 등 20명이었다. 정난

공신들은 세조 이후 중앙 정계를 주도하면서 강력한 훈신 세력으로 자리 잡게 되었다.

이징옥의 난

계유정난으로 정국의 주도권을 잡은 수양대군은 격살된 김종서 일파를 제거하는 작업에 착수했다. 그중에서도 수양대군의 눈에 가장 거슬리는 인물이 있었으니, 바로 이징옥(李澄玉)이었다. 이징옥은 태종의 휘하였던 이숙번(李叔蕃)의 갑사 출신으로, 1416년(태종 16)에 무과에 장원급제해 벼슬길에 올랐다. 이후 그는 수차례에 걸친 여진족과 치열한 전투에서 전공을 세우며 입지를 굳혀갔다. 특히 김종서를 도와 함길도 지역에서 6진 개척에 앞장섰다. 김종서는 이징옥을 자신보다 뛰어난 인물이라고 칭찬하며, 함길도 도절제사 후임으로 그를 추천하기도 했다.

수양대군이 중앙에서 정권을 장악했을 때도 이징옥은 함길도에서 도절제사를 맡고 있었다. 수양대군으로서는 이징옥을 제거하지 않고는 계속 불안할 수밖에 없었다. 그런데 마침 이징옥이 병기를 보내 안평대군, 황보인, 김종서 등과 내통해 단종을 제거하고 수양대군을 죽이려 했다는 홍달손의 고변이 있었다. 이는 함길도 관찰사인 김문기(金文起)가 도승지 최항에게 다음과 같이 고변하면서 사실로 드러났다.

> 지난 가을에 함길도에 있어서 들으니, 도적이 도절제사영(都節制
> 使營) 창고의 북쪽 벽을 헐고 병기를 많이 훔쳐갔다 했습니다. 사
> 람들이 말하기를 "지금의 절제사 이징옥이 심히 까다롭게 살피
> 나 다만 군기를 도둑맞은 일에는 전연 추문하지 않으니 의심스럽
> 다" 했고, 이 밖에는 들은 일이 없습니다.
>
> 『단종실록』 8권, 단종 1년 10월 13일

이러한 고변은 이징옥을 제거할 구실을 찾고 있던 수양대
군 일파에게는 절호의 기회였다. 수양대군은 이징옥을 파면
하고, 김종서를 격살한 사실을 숨긴 채 박호문(朴好問)을 함길
도 도절제사로 파견했다. 그리고 이징옥에게 한양으로 오도
록 명령했다. 이에 이징옥은 수양대군이 자신을 제거하려고
한다는 것을 깨닫고 후임인 박호문을 죽였다. 이징옥은 이어
여진에 병력을 청해 난을 일으켰다.

『실록』에 의하면 이징옥은 스스로를 '대금황제(大金皇帝)'라
칭하고 오국성(五國城)에 도읍을 정하려 했다고 한다. 그런데
이러한 기록에는 의문이 든다. 왜냐하면 이징옥이라는 인물은
유교 강상(綱常)에 충실한 사람이었기 때문이다. 나이 든 부모
에게 효도하기 위해 휴가를 청하고 형의 패악한 행동도 묵묵

히 참아냈던 그였다. 또한 변방에서 고생하는 그를 위로하기 위해 왕이 보낸 하사품에 감격하기도 했다.

이징옥의 이런 평소 행적을 볼 때, 아무리 극한 상황이라 할지라도 스스로 황제라는 칭호를 사용했을 것이라 쉽게 단정 짓기 어렵다. 이는 성리학 명분에도 어긋나는 일이다. 물론 그가 자신의 은인인 김종서를 죽이고 실권을 잡은 수양대군 일파를 제거하기 위해 난을 일으켰고, 이 과정에서 여진의 도움을 청한 것은 사실이다. 그러나 이것은 어디까지나 단종 복위를 염두에 둔 행동이지 스스로 황제가 되려던 것은 아닐 것으로 추측한다. 훗날 채제공(蔡濟恭)은 자신의 문집에서 "이징옥이 군사를 일으킨 것은 명에 직소해 단종의 복위를 꾀한 것이지 황제가 되려고 했겠는가?"라고 의견을 개진하기도 했다.

1453년(단종 1) 10월, 반란군을 모은 이징옥은 여진의 지원을 얻기 위해 길을 떠났다. 종성에서 하룻밤을 보내게 된 그는 잠을 자다가 종성 판관 정종(鄭種)과 호군 이행검(李行儉)의 습격을 받았다. 이징옥은 이들에게 목숨을 잃었고, 반란군도 흐지부지 흩어졌다. 결국 이징옥의 난은 이렇게 허무하게 끝나고 말았다. 이징옥을 제거한 수양대군은 이후 권력의 중심부를 향한 개혁에 더욱 박차를 가할 수 있게 되었다.

이징옥의 난은 변방인 함경도 지역에서 일어났다는 점에서 세조 즉위 후에 일어난 이시애의 난과 종종 비교된다. 북방 민족의 전통을 이어받은 함경도 지역은 조선 초기부터 자주의식이 강한 지역이었다. 이 지역에서 유독 반란이 많이 일어나는 것도 결코 우연은 아닐 것이다. 그러나 이징옥의 난과 이시애의 난은 상당 부분 다르다.

우선 이징옥은 함경도 출신이 아니다. 그는 경남 출신으로 4군 6진이 개척되던 시기에 함경도 지역에 파견되어 군무를 담당했을 뿐이다. 지역 주민이나 여진족이 용맹한 그를 두려워하기는 했으나, 자신을 추종하는 무리를 모아 세력화할 정도로 탄탄한 입지를 가진 것은 아니었다. 반면에 이시애는 함경도 출신의 유지였다. 토관(土官)이라는 벼슬을 지낸 경력으로 봐도 이 지역의 연고가 확실한 인물임을 알 수 있다.

이러한 지역적 근거의 차이는 두 반란을 구별하는 중요한 차이점이다. 해당 지역의 지지를 확보하지 못한 이징옥은 풍부한 군사 경험과 뛰어난 능력에도 토벌군과 맞서 싸워보지도 못한 채 일개 무관의 손에 허무하게 죽임을 당했다. 반면 이시애는 지역 기반을 발판으로 삼아 열악한 조건에서도 중앙에서 파견된 군사들과 맞서 당당히 겨뤘다. 이시애의 난에 대해서는 세조 편에서 좀 더 자세히 다루도록 하겠다.

어쨌든 두 반란의 결과로 함경도 지역은 중앙 권력에 의해 반란의 근거지로 낙인이 찍혔다. 조선의 시조인 태조 이성계를 배출했고 세종이 각별한 관심을 기울였던 이 지역은 세조조 이후로 조선왕조에서 내내 버림받은 땅으로 남게 되었다.

단종의 슬픈 운명

어린 왕 단종은 숙부 수양대군이 무력으로 권력을 찬탈하는 동안 아무것도 할 수 없었다. 그저 이름뿐인 왕의 자리를 지키면서 수양대군의 처분만 기다리는 신세가 되고 말았다. 그렇게 모든 권력이 수양대군에게 넘어간 상태에서 단종은 1454년(단종 2) 1월에 송현수(宋玹壽)의 딸을 왕비로 맞이했다. 단종은 아직 삼년상이 끝나지 않았기 때문에 혼사를 치를 수 없다며 여러 차례 거절했다. 그러나 수양대군은 끝내 이를 관철시켰다. 이름뿐인 왕비가 된 정순왕후(定順王后) 송 씨는 당시 15세였다. 단종과 정순왕후 사이에 후사는 없었다.

이듬해인 1455년(단종 3) 윤6월에 노산군은 결국 "내 나이가 어리고 중외의 일을 알지 못하는 탓으로 간사한 무리가 은밀히 발동하고 난(亂)을 도모하는 싹이 종식되지 않으니, 이제 대임(大任)을 영의정에게 전해주려 한다"는 말과 함께 수양대군에게 선위하고 상왕으로 물러났다. 물론 이것은 단종 본인의 뜻이 아닌 수양대군과 측근들의 강압에 의한 것이었다.

상왕으로 물러난 단종은 세종의 여섯째 아들이자 수양대군의 동생인 금성대군의 집에 연금되었다. 그러다 성삼문·박팽년(朴彭年) 등 집현전 학사 출신들이 단종 복위 운동을 펼친 것을 계기로 1457년(세조 3) 6월에 노산군으로 강봉되었다. 이때 단종의 나이는 17세였다. 노산군으로 강봉되면서 영월로 유배된 단종은 금성대군의 제2차 단종 복위 운동이 사전에 발각되면서 최후를 맞았다.『실록』에는 조정 대신들이 단종을 처형하라고 주장해 세조가 이를 윤허했는데, 사약이 내려지자 단종이 스스로 목숨을 끊었다고 기록되어 있다. 그러나 야사는 단종의 억울한 죽음을 다음과 같이 묘사한다.

금부도사 왕방연(王邦衍)이 사약을 받들고 영월에 이르러 감히 들어가지 못하고 머뭇거리고 있으니, 나장(羅將)이 시각이 늦어진다고 발을 굴렀다. 도사가 하는 수 없이 들어가 뜰 가운데 엎드려 있으니, 단종이 익선관과 곤룡포를 갖추고 나와서 온 까닭을 물었으나, 도사가 대답을 못 했다. 통인(通引) 하나가 항상 노산을 모시고 있었는데, 스스로 할 것을 자청하고 활줄에 긴 노끈을 이어서 좌석 뒤의 창문으로 끈을 잡아당겼다. 그때 단종의 나이 17세였다. 통인이 미처 문밖으로 나오지 못하고 아홉 구멍에서 피가 흘러 즉사했다. 시녀와 시종들이 다투어 고을 동강(東江)에 몸을 던져 죽어서 둥둥 뜬 시체가 강에 가득했고, 이날에 뇌우(雷雨)가 크게 일어나 지척에서도 사람과 물건을 분별할 수 없고 맹렬한 바람이 나무를 쓰러뜨리고 검은 안개가 공중에 가득 깔려

밤이 지나도록 걷히지 않았다.

『연려실기술』 4권, 단종조 고사본말

조선이 아무리 왕권 국가라고는 하지만 힘이 없는 왕의 즉위는 결국 정국의 혼란만 가중시킬 뿐이었다. 또한 보호받지 못한 왕권의 말로는 이처럼 비참할 수밖에 없다는 사실을 단종의 사례가 여실히 보여주었다. 그렇게 단종은 권력 다툼의 희생양이 되어 1457년(세조 3) 10월에 짧은 생을 마감했다.

이후 1681년(숙종 7)에 노산군으로 복위된 데 이어, 1698년(숙종 24)에 왕의 시호를 받고 추존되었다. 노산군이 죽은 지 200년이 훨씬 지난 뒤였다. 묘지는 영월에 위치한 장릉(莊陵)이며, 지금도 영월 지역에는 단종과 관련한 전설과 유적이 많이 남아 있다.

한편 단종비 정순왕후 송 씨는 단종이 노산군으로 강봉되자 군부인(郡夫人)으로 격하되었다가 노산군 사후 노비 신분이 되었다. 그러나 세조의 배려로 정업원(淨業院: 부군을 잃은 후궁들이 출궁하여 여생을 보냈던 곳)에서 지냈다. 정순왕후 송 씨는 노산군의 명복을 빌며 조용히 살다가 82세가 되던 해인 1521년(중종 16)에 죽어 남양주에 있는 사릉(思陵)에 묻혔다.

제7대 세조, 철권 통치로 정국의 안정을 이끌다

조카를 밀어내고 왕위에 오른 세조

1455년(단종 3) 윤6월, 세조가 경회루에서 조선 제7대 왕으로 즉위했다. 이때 세조의 나이 36세였다. 세조는 1417년(태종 17)에 세종과 소헌왕후 심 씨의 둘째 아들로 태어났다. 이름은 유(瑈), 자는 수지(粹之). 처음에는 진평대군(晉平大君)으로 봉해졌으나 후에 함평대군(咸平大君), 진양대군(晉陽大君)으로도 불리다가 1445년(세종 27)에 수양대군으로 개봉되었다.

세조는 대군 시절부터 자질이 영민해 유교 경전과 사서(史書)에 능통했다. 병학(兵學)·역산·음률(音律)·의약(醫藥)·복서

(卜筮)에 이르기까지 널리 통했다. 특히 무술을 좋아해 스스로 "내 젊은 시절에는 기운이 웅대하고 마음이 장해 스스로 활쏘기를 평생의 업으로 삼았다"라고 할 정도였다.

세종과 문종은 일찍이 이런 세조의 능력을 알아보고 여러 일을 함께 도모했다. 세종 때는 갑인자(甲寅字)를 만들 때 없는 글자를 직접 써서 보충했고, 소헌왕후가 죽었을 때는 명복을 빌기 위해 석가모니의 가계와 일대기를 담은 『석보상절(釋譜詳節)』을 짓기도 했다. 또한 문종 때는 『오위진법』의 「서문」을 썼다.

이처럼 세조는 뛰어난 자질과 재능이 있었다. 게다가 그는 정치적인 야망도 컸다. 그러나 이미 문종의 아들이 왕위에 오른 이상 그가 왕이 될 방법은 유혈 쿠데타밖에 없었다. 세조가 일으킨 계유정난은 장자 계승이라는 조선왕실의 원칙을 무력으로 깬 사건이다. 이러한 과정을 통해 왕좌를 차지했기 때문에 세조를 바라보는 세간의 시선은 곱지 않았다. 세조를 조카인 단종을 몰아내고 왕위를 탈취한 파렴치한으로 생각하고, 새 왕에 대한 복종을 거부하는 사람들도 있었다. 이들 중 일부는 단종을 위해 복수를 다짐하기도 했다. 상황이 이렇다보니 세조로서는 자신의 입장을 적극적으로 변명해야 했다. 그리하여 다음과 같은 「즉위 교서」를 내렸다.

주상전하께서 왕위를 계승한 이래로 불행히도 국가에 어려움이 많았다. 나는 선왕 문종의 친동생으로서 나라에 작은 공로가 있었다. 이에 주상전하께서는 나라의 위태로움을 진정하기 위해서 장성한 임금이 필요하다고 해 나에게 왕위를 맡기셨다. 내가 굳이 사양했으나 종친과 대신들이 간청하니 부득이 왕위에 오르게 되었다.

『세조실록』 1권, 세조 1년 6월 11일

이렇게 왕위에 오른 세조는 노산군을 상왕으로 추대하고 동생인 금성대군의 사저에 거처하게 했다. 그리고 거처에는 군사 10명을 거느린 삼군 군무 2명을 배치해 밤낮으로 감시했다.

즉위 초에는 이른바 사육신이라 불리는 집현전 출신 학사들과 금성대군이 단종 복위 운동을 벌이고, 이시애의 난 등이 일어나는 등 정국이 불안했다. 이는 세조에 대한 정통성을 문제 삼아 일어난 일이었다. 세조는 이러한 난관을 극복하기 위해 더욱 강력한 왕권을 구축한 끝에 결국에는 정국의 안정을 이끌어냈다.

세조의 철권 통치는 혈육 간의 피를 부르고 많은 인재가 희생되는 과정을 거쳤다. 하지만 이후 예종 대를 거쳐 성종 대에 이르러 다시 한 번 태평성대를 맞이하는 기틀을 다졌다는 점에서 세조의 업적을 평가할 수 있다.

그러나 세조 역시 인간인지라 말년에는 자신이 저지른 악행에 대해 인간적인 고뇌에 빠졌다. 특히 단종 복위 운동에 연루되었다는 이유로 자신의 형수인 현덕왕후 권 씨의 무덤까지 파헤친 것을 후회하며 마음의 병을 얻기도 했다. 그러면서 건강까지 나빠져 고생했는데, 그럴수록 세조는 불교에 더욱 심취했다.

세조는 대군 시절이던 1428년(세종 10)에 윤번(尹璠)의 딸을 정실로 맞았다. 이 부인이 정희왕후며, 세조와 정희왕후는 2남 1녀를 낳았다.

큰아들은 20세에 요절한 의경세자(훗날 덕종으로 추존)다. 의경세자는 1438년(세종 20)에 태어나 1445년(세종 27)에 도원군(桃源君)에 봉해졌다. 1455년(세조 1)에 세자로 책봉되었으며, 한확의 딸 소혜왕후(昭惠王后) 한 씨와 혼인해 월산대군과 자산군(者山君: 성종)을 낳았다. 어려서부터 예절이 바르고 글 읽기를 즐겼으며, 특히 해서(楷書)에도 능했다. 그러나 몸이 병약해 오래 살지 못하고 일찍 죽었다.

세조의 둘째 아들은 제8대 왕 예종이다. 형인 의경세자가 죽자 1457년(세조 3)에 세자로 책봉되었다. 세조가 죽고 1468년에 즉위했으나 재위 13개월 만에 죽고 말았다. 세조의 외동딸인 의숙공주(懿淑公主)는 정현조(鄭顯祖)와 혼인했다.

이 밖에 세조는 후궁 1명을 두었는데, 박팽년의 누이인 근빈(謹嬪) 박 씨다. 근빈은 아들 둘을 낳았다.

사육신의 단종 복위 운동

계유정난으로 왕위에 오른 세조는 자신의 즉위에 도움을 준 사람들을 공신에 책봉했다. 특히 세조의 즉위에 결정적인 역할을 한 권람·한명회를 비롯해 신숙주·정인지·한확 등은 공신 책봉과 함께 정치적인 영향력이 급속히 커졌다. 이들이 세조 즉위 후 권력의 중심 세력으로 떠오르자 이에 불만을 품는 소외 세력이 생겨났다.

세조는 형식적으로 조카인 단종에게 양위를 받아 왕위에 올랐지만, 실제로는 힘으로 빼앗은 것이나 다름없었다. 이 때문에 세조에게는 왕위 찬탈자라는 명분상의 약점이 꼬리표처럼 항상 따라다녔다. 이 명분상의 약점은 상왕으로 물러난 단종의 복위 운동이 언제든지 일어날 수 있다는 가능성을 시사하는 것이기도 했다.

특히 집현전 출신의 젊은 학자들은 세조의 왕위 찬탈을 비판적인 시선으로 바라봤다. 이들은 혈기왕성한 유학자답게 명분을 중히 여겼다. 게다가 세조가 왕위에 오른 후 정국의 주도권이 세조의 측근 공신들에게 넘어가면서 이들은 소외 세력으로 전락하고 말았다. 그러자 계유정난 전에는 의정부 대신들의 반대편에 서 있는 수양대군을 지지하던 집현전 출신의 젊은 관료 중 상당수가 지지를 철회했다. 이 밖에 단종의 처가인 여산 송 씨와 문종의 처가인 안동 권 씨 집안도 소외 세력에 포함되었다.

이런 상황 속에서 소외 세력이 단종 복위 운동을 모색하기에 이르렀다. 그 중심에는 40세 전후의 젊은 나이인 성삼문과 박팽년이 있었다.

성삼문은 좌부승지로 승정원에 근무하면서 세조의 동태를 파악하고 있었다. 그러던 중 명나라에서 사신이 들어온다는 정보를 입수하게 되었다. 명나라 사신이 오면 큰 잔치가 벌어질 것이고, 그 자리에는 세조와 세자를 비롯해 한명회·권람·신숙주 등 측근 공신 세력이 모두 참석할 것이 분명했다. 성삼문 등은 이들을 일시에 제거할 좋은 기회라고 생각했다. 그리하여 명나라 사신을 위한 잔치가 열리는 날을 거사일로 잡고 동지를 규합했다.

이들은 나름 치밀하게 계획을 세웠다. 그것은 운검(雲劍)을 이용해 단칼에 세조를 죽이는 것이었다. 운검이란 연회와 같은 의식이나 행사에서 칼을 들고 왕을 호위하는 2품 이상의 무신을 말한다. 그런데 마침 명나라 사신을 위한 연회에 성삼문의 아버지인 성승(成勝)과 단종 복위 운동의 열렬한 지지자 중 한 명인 유응부(兪應孚)가 운검으로 뽑혔다.

성삼문과 박팽년은 "6월 1일 연회장의 운검으로 성승과 유응부가 임명되었다. 이날 연회가 시작되면 바로 거사하자. 우선 성문을 닫고 세조와 그 우익들을 죽이면, 상왕 복위는 손바닥 뒤집는 것과 같을 것이다"라고 했다. 유응부는 "임금과 세자는 내가 맡겠다. 나머지는 그대들이 처리하라"고 했다. 또한 성삼문은 "신숙주는 나의 평생 친구다. 그러나 죄가 중하니 죽이지 않을 수 없다"고 하고, 김질(金礩)에게는 "일이 성공하면 너의 장인 정창손은 영의정이 될 것이다"라고 말했다. 이처럼 성삼문 등은 계획대로 성공할 것이라 자신했다.

마침내 1456년(세조 2) 6월 1일, 명나라 사신을 환영하는 잔치가 창덕궁에서 열리게 되었다. 세조는 명나라 사신에게 제후국 왕으로서 위엄과 품위를 보여주기 위해 거창한 행사를 준비했다. 그리고 이 자리에 상왕인 단종과 세자, 공신을 비롯한 여러 주요 인사가 참석하도록 했다. 그런데 행사를 앞두고 변수가 생겼다. 막상 행사를 거행하려니 행사장이 비좁았던 것이다. 결국 부득이하게 세조는 운검을 생략하게 했다. 운검을 생략하자는 것은 한명회의 의견이었다. 게다가 세자 역시 병이 나서 불참했다. 그러다보니 행사는 처음 계획과는 다르게 조촐히 치러지게 되었다.

상황이 변하자, 운검을 통해 세조를 제거하려던 성삼문 등의 계획에도 차질이 생겼다. 당황한 성삼문은 세조에게 운검을 생략하지 말 것을 요청했다. 그러나 세조는 한명회의 의견대로 행사장에 운검을 들이지 않았다. 갑작스러운 상황 변화를 알지 못한 성승은 칼을 차고 행사장에 갔다가 한명회의 저지로 들어가지 못하고 물러나야 했다.

성승은 곧바로 아들 성삼문을 찾아가 당장 한명회를 죽이자고 주장했다. 유응부 역시 성승과 마찬가지로 한명회를 죽여야 한다고 했다. 그러나 성삼문과 박팽년의 생각은 달랐다. 세자도 오지 않은 마당에 한명회를 죽인다고 해도 득 될 것이 없다고 여긴 것이다. 무리하게 도박할 이유가 없다고 판단한 성삼문과 박팽년은 훗날 왕과 세자가 한자리에 있는 때를 기다려 거사하자며 성승과 유응부를 만류했다. 그러나 유응부는 다음과 같은 말로 당장 거사할 것을 종용했다.

> 일이란 신속한 것이 중요하다. 만약 일이 지체되면 기밀이 누설될까 걱정된다. 세자가 지금 경복궁에 있지만 수양대군의 측근들이 모두 이곳에 있다. 오늘 이들을 모조리 죽여버리고 상왕을 복위한 후 군사들을 몰아 경복궁으로 들이닥치면 세자가 어디로 도망하겠는가? 그렇게 되면 아무리 지모가 있는 자라 해도 어쩔 수 없을 것이다. 지금이 바로 천재일우의 기회다. 절대로 놓칠 수 없다.
>
> 『연려실기술』 4권, 단종조 고사본말

그러나 성삼문과 박팽년은 신중을 당부하며 좀 더 분명한 기회를 잡자는 말로 거듭 만류했다. 결국 거사는 훗날로 미루어졌고 이러한 결정으로 세력은 분열되었다. 거사를 모의한 일이 밖으로 알려질까 불안해하는 사람들이 생겨난 것이다. 그러면서 바로 다음 날 이탈자가 발생했다. 성삼문과 함께 단종 복위를 도모하던 김질은 일이 틀어진 것을 알고 장인인 정창손에게 달려갔다. 사위에게 자초지종을 들은 의정부 우찬성 정창손은 곧바로 궁으로 갔다. 그는 김질과 함께 세조를 은밀히 보고자 청한 뒤 단종 복위 음모 사실을 고했다. 세조는 전날에 있었던 연회에서 자신의 목숨이 위태로울 뻔했다는 사실을 알고 경악했다.

세조는 당장 성삼문을 잡아오라고 명했다. 일이 누설된 사실을 모른 채 궁으로 불려 온 성삼문은 김질과 대면하자 어쩔 수 없는 상황임을 직감했다. 모든 것을 체념한 성삼문은 같이 일을 도모했던 동지의 이름을 모두 말했다. 이렇게 성삼문을 비롯해 박팽년·유응부·성승·하위지(河緯地)·이개·유성원 등 이른바 사육신이라고 불리는 사람들이 처형되거나 자결했다.

사육신이 주도했던 단종 복위 운동은 이렇듯 제대로 실행되지도 못한 채 실패로 끝났다. 사육신의 처나 딸들은 공신들의 여종으로 전락하는 수모를 겪어야 했다.

사육신의 재조명

사육신이라는 이름이 역사적으로 재조명받은 것은 후대에 이르러서다. 그것은 당시에 살아남아 생육신(生六臣)이라 불리던 사람들이 사육신의 이야기를 세상에 전했기 때문이다. 생육신은 김시습(金時習)·원호(元昊)·이맹전(李孟專)·조려(趙旅)·성담수(成聃壽)·남효온(南孝溫)이다. 이들은 계유정난 이후 세조의 정통성을 인정하지 않고 은둔함으로써 항거했다. 사육신이 목숨을 내놓고 저항했다면, 이들은 살아서 저항했다는 의미로 생육신이라 불렸다. 생육신은 한평생 벼슬하지 않고 단종을 위해 절의를 지키다가 세상을 떠났다. 그중 남효온은 『사육신전(死六臣傳)』을 지어 사육신의 이름을 세상에 알렸으며, 중종반정 이후 사림파에 의해 사육신의 절의가 새롭게 평가받았다. 또한 생육신도 충신으로 추앙되기에 이르렀다.

그러나 이전까지 사육신을 현창(顯彰)하자거나 노산군을 복위시키자고 하는 사람은 당연히 역적으로 몰렸다. 세조 이후로 조선의 왕통은 세조의 후손으로 이어졌기 때문이다. 예종 때 간행된 『무정보감(武定寶鑑)』에 이미 그렇게 규정하고 있었다. 반면 성종 대 이후로 정계에 활발히 진출한 사림들은 수양대군이 노산군을 몰아낸 것을 패륜으로 규정하고, 노산군의 복위와 사육신의 현창을 기회가 있을 때마다 주장했다. 이것은 세조의 존재를 부정하는 것으로 위험을 무릅쓴 행위였다.

1576년(선조 9) 박계현(朴啓賢)이 남효원의 『사육신전』을 인용하며 사육신과 노산군의 복위를 요구한 일이 있었다. 그러자 선조는 이에 격분해 이를 재차 거론하는 자는 중죄로 다스리겠다고 엄포했다.

> 지난날 우리 광묘(光廟, 세조)께서 천명을 받아 중흥하신 것은 진실로 사람의 힘으로 할 수 있는 것이 아니었는데 저 남효온이란 자는 어떤 자이기에 감히 문묵(文墨)을 희롱하여 국가의 일을 드러내어 기록했단 말인가? (중략) 저 육신이 충신인가? 충신이라면 어째서 수선(受禪)하는 날 쾌히 죽지 않았으며, 또 어째서 신발을 신고 떠나가서 서산(西山)에서 고사리를 캐 먹지 않았단 말인가? (중략) 그런데도 저 육신은 무릎을 꿇고 아조(我朝)를 섬기다가 필부의 꾀를 도모하여 자객의 술책을 부림으로써 만에 하나 요행을 바랐고, 그 일이 실패한 뒤에는 이에 의사(義士)를 자처했으니, 마음과 행동이 어긋난 것이라고 할 만하다. 그런데 열장부(烈丈夫)라고 할 수 있겠는가?
>
> 『선조실록』 10권, 선조 9년 6월 24일

그러다 1689년(숙종 15)에 기사환국(己巳換局)이 일어나자 상황은 달라졌다. 그로부터 2년 뒤에 사육신의 추복이 전격적으로 단행되고, 1694년(숙종 20)에 갑술환국(甲戌換局)이 일어나자 노산군이 추복되었다. 이렇게 된 데에는 숙종의 정치적인 계산이 작용했다. 당시 송시열을 비롯한 노론은 장희빈 소생의 원자가 책봉되는 것을 반대했다. 숙종은 이를 돌파하기 위해 왕권을 강화하고 신료들에게 '군신의 분의(分義)'를 강조할 필요가 있었다. 그리하여 숙종은 사육신과 노산군의 추복을 반대하다가 돌변해 이를 단행한 것이다. 어린 군주를 위해 충절을 지킨 사육신과 대비해 송시열 등의 행위를 '불충'으로 낙인찍고 원자 책봉을 강행하려는 것이었다.

노산군을 추복하는 근거로 노산군이 세조에게 선위했고, 세조가 노산군을 상왕으로 모신 것이지 쫓아낸 것은 아님을 들었다. 또한 노산군을 죽인 일도 세조의 본뜻이 아니었다는 것이다. 세조가 사육신을 "당대에는 난신이나 후세에는 충신"이라고 한 말도 원용되었다. 어찌 됐든 세조의 집권과 왕권 강화를 위해 취해졌던 단종 축출과 사육신 처벌이 숙종의 왕권 강화를 위해 단종 복위와 사육신 현창으로 나타난 것은 역사의 아이러니라 할 만하다.

역사는 보는 관점에 따라 해석이 달라진다. 사육신의 단종 복위 운동이 후대에서는 충절의 의미가 부각되어 평가되었다. 그러나 이는 어디까지 권력 투쟁의 결과였음을 간과해서는 안 된다.

두 갈래로 나뉜 집현전 학사들

조선 건국 초기, 정도전은 재상 중심 체제를 선호했다. 이를 위해 모든 권력은 재상들의 협의체인 도평의사사에게 몰아주고, 그 정점에 총재(家宰)를 두고자 했다. 즉 국왕은 총재한 사람만 잘 고르면 됐다. 그러나 제1차 왕자의 난으로 정도전이 실각하는 바람에 꿈은 산산이 흩어지고 말았다. 대신 태종은 강력한 중앙집권적 왕권을 확립하고자 했다. 육조직계제를 실시해 국왕의 직할 정치를 펼치는가 하면, 여기에 저항하는 공신들을 숙청했다. 사병도 혁파하고 외척도 무자비하게 도려냈다. 그리고는 이 틀을 지속시키기 위해 수성군주로 적당한 세종을 옹립했다.

태종은 세종에게 자기가 쓰던 신하는 버려도 좋으니 새로운 인재를 뽑아 쓰라고 했다. 그렇지만 세종은 집현전을 만들어 윗자리는 아버지의 신하, 아랫자리는 자신이 뽑은 신하로 채웠다. 마침 불사이군(不事二君) 세대가 늙고, 그 아들과 손자는 불사이군이 아니니 벼슬해도 좋다고 해 정인지, 신숙주, 성삼문, 최항, 이개, 하위지 등 많은 인재가 몰려들었다. 세종은 집현전 학사들을 일생 동안 다른 관직으로 옮기지 못하게 했다. 이들에게는 국가의 제도를 만드는 데 전념하라고 했다. 신석견(辛石堅) 같은 이는 27년 동안이나 규장각 한곳에서만 근무했다. 그러나 이들도 인사 부서나 대간 같은 권력 기관으로

가고 싶어 했다. 이들도 정치를 하고 싶었던 것이다. 그리하여 세자가 첨사원을 설치해 대리청정을 하자 여기에 참여하는 사람들이 늘었다. 집현전 학사들이 정치 세력화한 것이다.

그렇지만 문종이 일찍 죽고 어린 단종이 즉위하면서 정계는 김종서, 황보인 등 대신들이 틀어쥐고, 이른바 황표정사라고 하는 인사 부정이 자행되었다. 집현전 학사들은 대간으로서 이들을 공격했다. 막다른 골목에 몰린 김종서 등 재상들은 안평대군과 뜻을 함께했다. 이에 반해 집현전 학사들은 수양대군과 맥을 통했다. 그리하여 집현전 학사들은 수양대군이 일으킨 계유정난을 지지하거나 중립을 지켰으며, 세조는 그들을 포섭하려고 애썼다.

그러나 세조는 즉위하면서 전제 군주가 되어 철권 통치를 펼쳤다. 태종에서 세종으로 이어져 내려온 중앙집권적 왕권 강화를 실현하기 위해서였다. 집현전 학사 중 일부는 정난공신이 되기는 했으나 세조의 전제 군주화는 이들이 원하던 바가 아니었다. 이에 단종 복위라는 명분에 따라 일부 급진적인 집현전 학사들이 쿠데타를 일으키려 한 것이다.

한편 훈구파와 사육신의 갈림길에 서 있던 인물도 있었으니 바로 세조의 친구인 이계전이다. 이계전은 세종 대에 당시 수양대군이던 세조와 함께 정음청에서 훈민정음 창제와 관련된 일을 했다. 이계전은 이색의 손자로, 할아버지를 닮아서 글을 잘했다. 『세종실록』 편찬을 비롯해 국가 편찬 사업에 참여했으며, 외교 문서도 많이 썼다. 세조는 이러한 이계전의 능력을 높이 평가했다.

그러다 계유정난이 일어났다. 수양대군은 반대파인 김종서 등을 격살하고, 친동생인 안평대군을 사사했다. 당시 이계전은 병조참판으로 입직하고 있다가 쿠데타에 가담했다. 그는 최항과 함께 사건이 일어나게 된 까닭을 알리는 「교서」를 썼다. 수양대군의 편에 선 것이다. 이 쿠데타로 수양대군은 영의정부사가 되어 정권을 장악했다. 수양대군은 군사를 거느리고 종친청에 숙직하고, 이계전은 병조판서로 승진해 빈청에 숙직했다. 이어 이계전은 정난 1등 공신이 되어 전지 200결, 노비 25구를 받았다. 또한 단종이 상왕으로 쫓겨나고 세조가 옹립되었을 때, 이계전은 다시 좌익 2등 공신이 되어 토지 100결과 노비 10구를 받았다. 이때 하사받은 토지는 이후 이계전 자손들의 경제 기반이 되었다.

그러나 이계전은 세조가 왕권을 강화하기 위해 추진하고자 했던 육조직계제에 대해서는 하위지 등과 함께 정면으로 반대했다. 세조는 이를 발의한 하위지를 끌어내려 곤장을 치고 참형에 처하려다 그만두었다. 이계전도 사정전 잔치에서 세조에게 술이 과하니 그만 대내로 들어가시라고 했다가 머리채를 잡혀 끌려 내려가 곤장을 맞았다. 그래도 세조는 이계전을 내치지는 않았다. 오히려 이계전을 불러 같이 춤을 추면서 "나는 너를 사랑하는데 너는 왜 내 마음을 몰라주느냐"고 하면서 "오늘 너를 욕보였으니 이에 상응하는 은전을 베풀겠다"고 했다.

그러고 나서 사육신의 단종 복위 운동이 일어났고, 이계전은 세조 편에 섰지만 조카 이개는 사육신에 포함되어 처형당했다. 역적의 땅은 몰수하여 공신들에게 나누어 줬는데, 이개가 소유했던 땅은 이계전에게 분배되었다. 조카의 땅이 삼촌에게 간 것이다. 이계전이 이개의 삼촌이니 연좌제를 적용하자는 주변의 의견을 묵살하고 세조는 그를 특별대우했다. 이계전을 확실한 자기 사람으로 만들려는 고도의 정치 술수였다.

반면 이계전과 함께 육조직계제를 반대했던 하위지·권자신(權自愼)·박쟁(朴崝) 등은 단종 복위 운동에 참여했다. 이렇게 집현전 학사들은 두 갈래로 나뉘어 일부는 이계전처럼 세조 공신이 되어 훈구파를 구성하고, 일부는 이개 같이 사육신 또는 생육신이 되어 후세 사람들에게 절의의 표상이 되었다.

금성대군의 단종 복위 운동

성삼문 등이 단종 복위를 모의했다가 실패한 사건은 단종의 신세를 더욱 고달프게 했다. 이 일로 단종은 오히려 상왕의 자리에서 쫓겨나 노산군으로 강봉되었다. 또한 단종의 생모인 현덕왕후 권 씨는 사후에 폐비되고 무덤이 파헤쳐지는 수난을 겪었다.

1457년(세조 3) 6월 21일, 서울을 떠난 단종이 유배지인 영월로 향했다. 그런데 아직 영월에 채 도착하기도 전인 6월 27일, 단종의 명을 재촉하는 일이 발생했다. 안동의 관노인 이동(李同)이란 자가 금성대군이 유배지에서 주민을 선동해 단종을 복위하려 했다며, 금성대군을 역적으로 고발한 것이다.

금성대군이라면 세조의 친동생으로, 세종의 여섯째 아들이다. 세조가 계유정난을 일으켜 권력을 장악하자, 금성대군은 공공연하게 반대하고 나섰다. 이 때문에 그는 세조 일파에게 불온분자로 지목되어 유배되었다. 처음에는 삭녕에 유배되었다가 경기도 광주를 거쳐 경상북도 순흥까지 쫓겨 가는 신세가 되었다. 분개한 금성대군은 동지를 모으기 시작했다. 영남지역을 장악하고 전국의 뜻있는 사람을 모은다면 단종 복위가 가능할 것으로 생각했다. 그리고 우선 자신의 유배지를 다스리는 순흥부사 이보흠(李甫欽)을 포섭했다. 금성대군은 순흥부사와 함께 다음과 같은 방법으로 단종을 복위시키려고 했다.

첫째, 순흥을 근거지로 하고 순흥부의 군사 670여 명을 이용해 주변 고을을 점령한다.

둘째, 일부 군사를 죽령과 조령에 보내 한양과 통신을 차단하고 영남을 장악한다.

셋째, 전국에 격문을 띄워 동지를 규합한다.

넷째, 영월에 유배된 단종을 순흥으로 모시고 와서 복위에 대비한다.

다섯째, 힘이 모이면 한양으로 진격해 세조를 몰아낸다.

그러나 금성대군의 단종 복위 기도는 금연이라는 여종 때문에 너무나 허무하게 좌절되었다. 순흥에 유배된 금성대군에게는 금연이라는 여종이 있었는데, 이 여종이 이보흠의 시종인 이동과 정분이 난 것이다. 이동은 자신의 상전인 이보흠이 금성대군과 자주 만나 수상쩍은 일을 계획하고 있는 것을 눈치챘다. 역모의 물증을 잡아 고변하면 출셋길이 열릴 것으로 생각한 이동은 금연을 꼬드겨 금성대군이 작성해놓은 격문을 훔치게 했다. 그리고 안동으로 가서 금성대군의 단종 복위 계획을 알렸다. 순흥부사 이보흠은 상황이 좋지 않음을 눈치채고 곧바로 한양으로 달려가 금성대군의 역모 사실을 고발했다.

결국 금성대군은 군사 500여 명을 이끌고 순흥을 급습한 안동부사 한명진의 손에 붙잡혔다. 단종을 복위하려던 금성대군의 계획은 이렇게 실패했다. 금성대군은 안동에서 사약을 받고 죽었으며, 이보흠은 평안도 박천에 유배되었다가 교살되었다.

세조는 금성대군에게 협조했다는 이유로 순흥부에 대해서도 철저하게 보복했다. 순흥부를 반역의 고을이라는 이유로 풍기군에 소속시켰다. 또한 순흥부의 토박이 향리들은 거의 사형에 처했다. 평민들 중에서도 금성대군에게 동조했다는 이유로 죽은 사람이 부지기수였다. 관에서 편찬한 공식 기록에는 참상이 정확하게 기록돼 있지 않지만, 전해지는 바로는 죄인 심문이 몇 달 동안이나 계속되었다고 한다. 그리하여 주동자 21명을 비롯해 300여 명에 달하는 영남의 사민(士民)들이 처단되었다. 당시 피살자들의 피가 죽계 하류까지 흘러 '피끝'이라는 지명이 생겨나기까지 했다.

한편 이 일은 단종에게도 치명적인 결과를 초래했다. 세조는 단종이 살아 있는 한 앞으로 이러한 일이 계속 일어날 것으로 생각했다. 그리고 이미 노산군으로 강봉된 단종을 기어이 일반인의 신분으로 강봉시킨 뒤 사약을 내렸다.

영월에 유폐된 단종의 죽음

1457년(세조 3) 6월 21일, 상왕에서 노산군으로 강봉된 단종은 유배지인 영월로 떠났다. 그를 호송하기 위해 어득해(魚得海)가 이끄는 군사 50명이 동원되었다. 조카를 밀어내고 왕위에 오른 세조는 노산군을 영월로 보내면서 다음과 같은 교지를 내렸다.

작년 6월에 성삼문 등이 상왕 복위를 도모하다가 발각되자 "상왕도 반역 모의에 참여했다"고 했다. 이에 종친과 문무백관들이 상왕을 외방으로 유배시키자고 여러 차례 건의했다. 그러나 나는 이를 모두 거절하고 초지일관 상왕을 보호하려 했다. 그러나 지금 인심이 흉흉하고 난을 선동하는 무리가 그치지 않고 있다. 이런 상황에서 어찌 사사로운 은의로 나라의 법을 어기고 종묘사직을 저버리겠는가? 이에 여러 사람의 건의에 따라 상왕을 노산군으로 강봉하고 궁에서 내보내 영월에 거주하게 하노라. 노산군에게는 의식을 넉넉하게 공급해 목숨을 보존하도록 하고 나라의 인심을 안정시키도록 하라.

『세조실록』 8권, 세조 3년 6월 21일

단종이 영월로 떠날 때 그의 부인을 비롯해 상궁, 나인들은 따라가지 못하게 했다. 세조는 종묘사직에 죄를 지은 사람은 목숨을 부지하는 것만도 과분하다고 생각했다. 노산군은 그를 감시하는 군사들에게 둘러싸인 채 가마를 타고 길을 떠났다. 노산군이 서울을 떠나올 때 길가에 엎드려 우는 백성도 있었는데, 이들은 군사들에게 얻어맞아야 했다.

노산군은 광주·여주·원주·부론·주천을 거쳐 7월 초에 영월의 청령포에 도착했는데, 그사이에 금성대군이 단종 복위를 계획하다가 실패해 처형되었다. 이제 노산군의 목숨도 경각에 달려 있었다. 고적한 청령포에 유폐된 노산군은 궁녀 여섯 명과 함께 살았다. 상왕으로 있던 시절에 그를 섬기던 궁녀들이 세조의 허락도 없이 주인을 따라온 것이다. 이어서 내시 두 명도 노산군을 찾아왔다. 세조는 후에 이런 사실을 알았지만 묵인해주었다.

청령포 주변에는 노산군을 감시하기 위해 경계가 삼엄했다. 노산군의 거처에는 금부 진무 한두 명이 붙박이로 있으면서 노산군의 일거수일투족을 감시했다. 삼면을 둘러싼 강가에는 사람들의 출입을 통제해 누구도 노산군과 비밀스럽게 연락할 수 없게 했다.

그런 곳에서 노산군은 하루하루 고적하고 슬픈 나날을 보냈다. 집 뒤에 있는 산에 올라 서울을 바라보며 그리운 이들을 생각하는 것이 유일한 낙이었다. 또한 자신을 추종하고 복위를 위해 애쓰다 목숨을 잃은 이들의 넋을 기렸다. 그렇게 산에 오를 때마다 돌을 날라 쌓은 것이 망향탑(望鄕塔)이 되었다.

그런데 청령포의 집이 여름 홍수에 쓸려가 버렸다. 이후 노산군은 영월 읍내의 관풍헌으로 거처를 옮겨 생활했다. 그리고 이곳에서 노산군은 일반인 신분으로 강봉된 뒤 세조가 내린 사약을 받았다. 금성대군이 단종 복위를 모의하다가 발각된 사건의 여파였다. 『실록』에는 사약이 내려졌다는 소식을 들은 노산군이 스스로 목을 매 죽었다고 기록되어 있다. 1457년(세조 3) 10월 24일, 영월로 유배된 지 4개월 만의 일이었다.

강력한 중앙집권화 정책

반대 세력을 제거한 세조는 왕권 강화를 위해 더욱 노력했다. 우선 정부 조직을 의정부서사제에서 육조직계제로 환원했다. 육조직계제는 태종이 왕권 강화를 위해 시행했던 제도였는데, 세종은 업무 부담감 때문에 이를 포기한 바 있었다. 그런데 세조가 이 제도를 다시 부활시켰다는 것은 그만큼 왕권 강화에 대한 의지가 컸다는 것을 의미한다. 세조는 사육신의 단종 복위 운동을 계기로 집현전을 없애고, 여러 신료의 의견을 듣는 자리인 경연도 폐지해버렸다. 이로써 세종 대를 거쳐 문종 대에 이르러 강화되었던 대간의 기능이 대폭 축소되었다. 대신 승정원의 기능을 강화해 국정 운영을 국왕 중심으로 꾸려나갔다.

또한 국왕 중심 통치의 편의를 위해 강력한 중앙집권화 정책을 펼쳤다. 호패법(號牌法)이나 직전법(職田法) 등이 등장하게 된 것도 이러한 정책적인 제도 개선의 차원에서 이루어진 일이다.

호패법은 태종 때 처음 실시된 제도인데 세조가 1459년(세조 5)에 다시 부활시켰다. 호패란 16세 이상 되는 남자가 차는 길쭉한 패로, 앞면에는 성과 이름, 나이와 생년의 간지를 새기고 뒷면에는 해당 관아의 날인이 찍혀 있었다. 이 호패를 패용하도록 법제화한 것이 호패법이다. 이는 호적을 밝혀 호구(戶口) 수를 헤아리고자 한 것이다.

직전법은 1466년(세조 12)에 시행된 제도로, 기존의 토지 분급 제도인 과전법(科田法)을 고쳐 토지의 수조권(收租權: 곡식이나 세금 등 조세를 거둘 수 있는 권리)을 현직 관료에게만 주도록 만든 것이다. 이는 과전의 세습화와 관료 수의 증가로 신진 관료에게 지급할 토지가 부족해졌기 때문에 이루어진 조치였다. 직전제의 시행으로 국비 지출이 줄어 왕권을 재정적으로 든든하게 뒷받침했다.

이 밖에 지방 관리 자리에 중앙의 문신을 임명해 중앙의 통제력을 높이는 한편 지방 호족이 세력화하는 것을 막았다. 또한 군제의 경우, 문종 대의 오사를 오위로 개편하고 오위도총부를 최고 군령 기관으로 두었다. 이와 같은 군제는 중앙에서 중앙군과 지방군을 통일해 지휘하려는 것이었다. 오위와 오위도총부는 실질적으로 병조의 지휘를 받음으로써 결국 조선 시대의 군사 지휘 계통이 문신 위주로 돌아가는 결과를 낳았다. 이는 문치주의의 폐단 중 하나였다.

세조 대에는 국가 기강을 바로잡기 위한 편찬 사업도 활발히 이루어졌다. 신라 초부터 고려 말까지의 역사를 담은 『동국통감』, 조선 시대 역대 왕들의 치적을 담은 『국조보감』 등의 편찬이 시작된 것을 비롯해, 국가 경영의 근간이 된 『경국대전』이 편찬되었다.

세조의 중앙집권화 정책은 전제 정치의 산물이었다. 이로써 세조는 재임 기간 동안 강력한 왕권을 유지할 수 있었다. 그러나 중앙집권화로 소외된 지방 세력의 불만이 가중되는 등 부작용도 만만치 않았다.

이시애의 난

1467년(세조 13) 5월 10일, 함길도에서 이시애의 난이 일어났다. 이는 조선 전기에 발생한 국란 중에서 가장 큰 규모였다. 당시 함길도 지방은 "국가가 남방에서 병선을 동원하는 등 해로와 육로로 대규모의 군사를 동원해 함길도인을 몰살시킬 것"이라는 참언이 나돌아 민심이 흉흉했다. 중앙에서는 함길도인을 달래기 위해 당시 함길도 관찰사였던 오응(吳凝)을 파면하고 신숙주의 아들인 신면(申㴐)을 후임으로 보냈다.

회령부사를 지낸 이시애는 세조가 강력한 중앙집권화 정책을 펼치며 중앙 관리를 지방에 파견하는 것에 불만을 품고 있었다. 그는 이원경(李原景)의 손자이자 이인화(李仁和)의 아들로, 대대로 함길도 지방에 거주해온 지방 세력가였다. 그에게는 많은 양민이 예속되었고, 토지와 재산도 적지 않았다. 그런데 세조가 왕위에 오르면서 자신의 기반이 흔들리자 직접 행동에 나선 것이다.

마침 함길도 병마절도사인 강효문(康孝文)이 길주에 순찰차 방문했는데, 이시애는 그와 그의 수하들을 죽여버렸다. 그리고 동생 이시합(李施合)과 함께 반란군을 조직한 후 중앙으로 사람을 보내 강효문이 반란을 꾸며 그에게 죄를 물어 죽였다고 보고했다. 그러면서 "한명회·신숙주·노사신 등도 이에 연루되었다"는 충격적인 소식을 함께 전했다. 소식을 전해 들은 세조는 당황했다. 한명회·신숙주는 세조의 쿠데타를 성공으로 이끄는 데 큰 공을 세운 훈신이었다. 이들이 역모에 가담했다는 것은 누가 들어도 믿기 어려운 이야기였다. 그러나 세조는 냉철하게 대처했다. 이시애가 반란의 주모자고 한명회와 신숙주 등은 반란과 아무런 관계가 없다는 사실이 밝혀질 때까지 이들을 가택에 연금했다.

세조는 조카인 구성군 이준을 사도병마도총사에 임명하고 강순(康純)·남이 등을 주축으로 진압군을 편성해 함길도에 파견했다. 함길도에 도착한 진압군은 반란군의 극렬한 저항으로 애를 먹었다. 초반에는 진압군의 위세가 오히려 약해 보였다. 이러한 사정이 중앙에 보고되고 지원 요청이 잇따르자 세조는 전국의 병력을 집결시켰다. 또한 종친과 훈신의 노비와 말을 차출하고 병장기와 군량을 모아 진압군을 지원했다. 세조가 직접 감독하고 사기를 북돋워 주자 진압군의 기세는 점차 살아났다. 특히 진압군의 총사령관인 구성군의 전술과 남이 등의 활약으로 전세는 마침내 바뀌었다. 게다가 반군 세력 내에서 분열이 일어나 자멸하기에 이르렀다.

길주를 거쳐 경성으로 퇴각해 여진으로 도망치려던 이시애는 결국 그의 부하였던 이주(李珠)·허유례(許惟禮)·황생(黃生) 등에게 붙잡혀 진압군에게 인계되었다. 그리고 그해 8월 12일, 이시애가 참수됨으로써 난은 3개월여 만에 평정되었다.

구금되었던 한명회와 신숙주는 열흘 만에 풀려났다. 세조는 이들의 이름이 반란에 연루되었다고 거론되는 것조차 심히 못마땅했다. 그러나 공신인 그들을 제거하기에는 부담이 컸다. 이후 대간에서 이들에 대한 탄핵이 계속되었지만 세조는 이를 받아들이지 않았고, 이들의 영향력은 조금도 줄어들지 않았다.

사실 권력의 핵심부에 있었던 한명회와 신숙주가 강효문 등과 결탁해 반란을 계획했다는 말을 그대로 믿기는 어렵다. 그런데도 이런 말이 나오고, 또 이것이 진실인 양 받아들여질 수 있었던 것은 이들의 권력이 그만큼 강력했음을 의미한다. 즉 이들은 독자적으로 쿠데타를 일으킬 수 있을 만큼 능력이 있는 인사로 인식되었던 것이다. 함길도에서 일어난 심상치 않은 사건의 주모자가 누구인지 확실히 밝혀지지 않은 상황에서 이시애의 주장이 중앙의 주요 인사들에게 설득력 있게 들렸던 것도 이런 이유 때문이다. 이시애는 고도의 심리전을 펼쳤던 것이다.

그렇다면 왜 하필 조선이 한창 번성하기 시작한 세조의 재위 기간에, 그것도 태조의 고향인 함길도에서 난이 발생한 것일까?

그 원인으로 우선 중앙 권력에 대한 함길도인의 뿌리 깊은 불만과 불신을 들 수 있다. 함길도는 이성계의 고향이자 권력의 근거지였다. 그러나 함길도 출신 인사나 지역에 대한 중앙 권력의 배려는 거의 없었다. 또한 함길도 지역민은 여진족을 직접 상대하는 군사 요충지에 살면서 물질적·정신적으로 많은 것을 희생해야 했다. 게다가 조선 초기부터 실시된 사민 정책으로 삼남 지방에서 강제로 이주한 이들의 불만도 만만치 않았다. 이러한 불만을 무마하기 위해 중앙 정부에서는 토관 제도를 만들어 지방에 어느 정도 자치권을 부여하고 지방의 명망가들을 포섭하려고 했다. 그러나 이러한 시도도 그리 큰 효용을 거두지는 못했다. 이런 와중에 중앙에서 군대를 파견해 함길도 지역민을 몰살시킬 것이라는 풍문이 돌더니 결국 이시애의 난이 일어났다. 그동안 쌓인 불안 요소들이 한꺼번에 폭발한 것이다.

세조의 강력한 중앙집권화 정책도 원인 중 하나였다. 세조는 호적을 개정하고 성인에게 성명·출생·신분·거주지 등을 명기한 목패를 의무적으로 차게 하는 호패 제도를 강하게 추진했다. 아울러 현직 관리에게 재직 기간에만 토지를 지급하는 직전법을 실시했다. 이는 지주가 많은 토지를 소유하는 것을 막고 국가 경제력을 탄탄히 하기 위한 것이었다. 이러한 세조의 노력은 기득권층의 불만을 샀고, 이들을 주축으로 한 반동의 빌미가 되었다.

이 밖에 강효문 개인의 극심한 부정부패도 이시애의 난이 일어난 원인 중 하나였다. 당시 지방관이라는 자리는 소위 '한밑천 챙기는 자리'였다. 그래서 벼슬아치는 이 자리에 앉기 위해 권세가에게 아부하고 뇌물을 갖다 바쳤다. 이렇게 지방관에 부임하면 본전을 챙기기 위해 백성을 괴롭혔다. 강효문도 지방관의 전형이었다. 이러한 사실은 이시애의 난이 일어났을 때 온성(穩城)의 주민이 중앙 정부에 올린 진정서에 잘 나타나 있다. 다음은 『실록』에 기록된 진정서의 내용이다.

> (효문은) 군사를 모아 여러 날 먹을 식량을 차고, 들을 쏘다니면서
> 사냥을 해 인근 주민과 군사를 편히 쉬지 못하게 했고, (중략) 일
> 행과 잔치를 벌이기에 여념이 없고 필요한 물품을 마련하기 위해
> 백성에게 그 비용을 강제로 거두어 (백성의) 생활을 어렵게 만들
> 었습니다.
>
> 『세조실록』 43권, 세조 13년 7월 21일

이러한 사실은 난이 평정된 뒤 세조가 사람을 보내 조사한
내용과 일치했다. 세조는 이 내용을 보고받고 "당연히 죽을
놈이 죽었다"면서 탄식했다고 한다.

어쨌든 이시애의 난은 강력한 중앙집권화 정책을 추진하던
세조에게 커다란 시련을 안겨주었다. 이 영향으로 이후 세조
의 중앙집권화는 탄력을 받지 못하고 주춤했다. 그의 조부인
태종이 집권 초기에 일어난 조사의 난을 효율적인 정국 운
영의 전기로 삼은 데 비해 세조는 그러지 못했다. 오히려 훈신
중심의 파행적인 정치 형태가 더욱 심화되는 결과를 낳았다.
또한 난의 진압을 전후해 중앙 정계에 등장한 종친들은 점차
세력을 키워나갔다. 이로써 세조 말년의 정국은 훈신 세력과
종친 세력 간의 대결로 치달았다.

한편 이시애의 난 이후 이시애의 고향인 길주는 길성현으로 강등되었고, 함길도는 조선 역사에서 영원히 잊힌 땅으로 남게 되었다.

권신 한명회와 신숙주

세조가 왕좌에 오르는 데 결정적인 역할을 한 사람은 한명회와 신숙주였다. 두 사람은 여러 면에서 달랐지만, 각자 다른 방식으로 수양대군을 도와 쿠데타를 성공으로 이끌었다. 수양대군이 왕위에 오른 뒤에는 막강한 권력을 행사하는 권신으로서 확고한 위치를 차지했다.

한명회

한명회는 1415년(태종 15)에 한기(韓起)의 아들로 태어났다. 그의 할아버지는 예문관 제학을 지낸 한상질(韓尚質)이다. 어린 시절에 일찍 부모를 여읜 한명회는 작은 할아버지인 한상덕(韓尚德)에게 의탁해 자랐다. 그는 번번이 과거에 실패해 벼슬길로 나가지 못하다가 40세가 거의 다 되어 음서(蔭敍)로 겨우 경덕궁의 궁직을 얻게 되었다.

이처럼 별다른 이력 없이 말단 궁직에서 일하던 그가 어떻게 수양대군의 책사가 되었을까? 그를 수양대군에게 소개한 사람은 친구인 권람이었다. 권람 역시 계속 과거에 낙방하다가 1450년(문종 즉위년)에 겨우 급제해 집현전에서 벼슬을 시작했다. 그러다 이듬해 홍문관 교리로 수양대군이 집필한 『역대병요(歷代兵要)』 편찬에 참여했고, 이때부터 수양대군과 연을 맺게 되었다. 권람은 수양대군의 야망을 알고 그와 뜻을 함께할 사람을 모았는데, 그중에 한명회가 있었다.

한명회는 야심가였다. 그는 수양대군을 통해 자신의 꿈을 이루려고 했다. 그리하여 수양대군의 책사를 자처하며 그의 역심을 부추겼다. 수양대군도 자신의 대망을 실현하는 데 한명회 같은 인물이 필요하다고 판단해 그를 가까이 두었다.

한명회는 수양대군의 수족이 되어 안평대군과 황보인·김종서와 같은 정적을 염탐하거나 거사에 참여할 무사를 모으는 등 주로 행동대장의 역할을 맡았다. 그리고 계유정난에서 큰 공을 세우며 정난공신에 봉해졌다. 한량이나 마찬가지였던 한명회는 수양대군을 만나 공신의 위치까지 단번에 오르게 되었다.

세조 즉위 후에는 좌부승지·좌승지·도승지를 거쳐 이조판서와 병조판서를 지냈으며, 세조 대에는 우의정과 좌의정까지 지냈다. 예종 때에는 영의정에 올랐으나 곧 사임했다. 그러나 곧 원상(院相)이 되어 성종 즉위 후까지 권세를 누리며 정무를 돌봤다.

한명회가 권력을 유지한 수단 중 하나는 혼사(婚事)였다. 그에게는 네 명의 딸이 있었다. 그중 셋째 딸을 세조의 아들(예종)에게, 넷째 딸을 세조의 손자(성종)에게 시집보냈다. 이미 공신으로서 막강한 권력을 누리고 있었지만, 왕실과 사돈 관계를 맺으면서 그의 영향력은 더욱 커졌다. 조선 역사에서 두 명의 왕을 사위로 둔 사람은 한명회가 유일하다.

신숙주

당대의 권신 중에서 한명회 못지않은 권세를 누린 사람이 신숙주다. 신숙주도 한명회와 사돈지간으로, 한명회의 둘째 딸이 그의 며느리다.

신숙주는 1417년(태종 17)에 태어났다. 아버지는 공조참판을 지낸 신장(申檣)이다. 1438년(세종 20)에 생원시와 진사시에 연달아 장원으로 급제했고, 이듬해 문과에 급제했다. 세종 대에는 주로 집현전에서 일했으며, 정인지·성삼문·최항·이개·하위지 등과 함께 발탁되어 세종의 총애를 받았다. 그는 집현전에서 숙직할 때면 밤새도록 잠을 자지 않고 장서각의 책을 남김없이 가져다 읽곤 했다. 그런 신숙주에 감동한 세종이 책을 읽다 잠든 그에게 어의(御衣)를 덮어주었다는 일화는 유명하다.

특히 언어에 능통했던 신숙주는 서장관(書狀官: 외국에 보내는 사신 가운데 기록을 맡아 보던 벼슬)으로 일본에 다녀오는가 하면, 세종을 도와 음운을 연구하면서 요동을 13차례나 방문하기도 했다. 세종에 이어 즉위한 문종도 신숙주를 다른 집현전 학사들과 마찬가지로 신뢰했다. 일찍 세상을 떠난 문종은 집현전 학사들에게 어린 단종의 장래를 부탁했다.

단종 즉위 후 권력은 수양대군과 안평대군을 중심으로 대신파와 집현전 학사파가 나뉘어 서로 반목했다. 그러다 계유정난이 일어났다. 신숙주는 당시 정변에 직접 참여하지는 않았지만 다른 집현전 학사들과 마찬가지로 수양대군을 암묵적으로 지지했다. 수양대군은 집현전 학사들을 확실한 자신의 편으로 만들기 위해 신숙주 등을 정난공신에 봉했다. 이때부터 신숙주는 공신의 지위를 누리기 시작했다.

마침내 단종을 상왕으로 올리고 왕위에 오른 세조는 중앙집권적 왕권 강화를 실현하기 위해 전제 정치를 실시했다. 그 과정에서 성삼문 등 집현전 학사 출신들은 강한 불만을 품게 되었다. 이들의 불만은 결국 단종 복위 운동이라는 권력 투쟁으로 표출되었으나, 이 계획은 실패로 돌아갔다. 이로써 모의에 가담했던 이들은 목숨을 잃게 되었다.

그런데 단종 복위 운동 모의를 주도했던 성삼문은 척결 대상으로 신숙주를 지목했었다. 같은 집현전 학사 출신인 그를 척결하려고 했던 이유는 간단했다. 자신들의 뜻에 신숙주가 함께하지 않았기 때문이다. 성삼문 등은 신숙주를 변절자로 여겼다. 신숙주는 확실히 이들과는 다른 길을 걸었다. 금성대군의 단종 복위 운동이 발각되었을 때 누구보다도 강력하게 금성대군과 단종의 사사를 주장했던 것도 신숙주였다. 그는 이미 권력의 중심으로 향하고 있었고, 이를 거스를 수 없는 대의로 여겼던 것이다.

신숙주는 세조 대에 병조판서·판중추원사·우찬성·대사성·좌찬성을 거쳐 우의정과 좌의정까지 지냈다. 예종 즉위 후에는 원상으로서 서무 결재에 참여했다. 그는 외교와 국방에 매우 뛰어난 능력을 발휘했으며, 뛰어난 학식과 행정 능력으로 세조조·예종조를 거쳐 성종조에 이르러 조선이 문화 부흥기를 맞이하는 데 핵심적인 역할을 했다.

세조의 불교 숭상

선대왕들은 개인적으로는 불교에 심취하면서도 공식적으로는 억불 정책을 고수했다. 반면, 세조는 불교 숭상 정책을 쓰면서 오히려 집현전과 경연을 폐지하는 등 유학에 대한 불편한 심기를 드러냈다. 그가 조카 단종을 폐위시키고 왕위에 오른 것이 유학의 입장에서는 패륜적인 행동이었고, 이것이 집현전 학사들을 중심으로 한 단종 복위 운동의 명분이 되었기 때문이다. 세조를 보는 유학자들의 시선은 곱지 않았다. 이에 맞서 세조는 사육신을 비롯한 숱한 신하들을 처단하며 철권 통치를 펼쳤다. 자신의 약점 때문에 세조는 유학에 대한 자신감이 없었다. 그럴수록 불교에서 자신의 행동에 대한 정당성을 찾으려고 했다. 그리하여 승려들에게 도첩(일종의 승려 신분증)을 발급하고 원각사(圓覺社) 창건, 간경도감(刊經都監) 설치, 불경 언해 등과 같은 사업을 추진했다.

간경도감은 1461년(세조 7)에 불경을 간행하기 위해 설치된 임시 관청으로, 고려 시대에 팔만대장경을 간행하기 위해 설치되었던 대장도감(大藏都監)을 본뜬 것이다. 간경도감은 서울에 본사를 두고 개성·안동·상주·진주·전주·남원 등에 분사를 두었다. 이곳에서 많은 불경이 간행되었다. 특히 이곳에서 찍어낸 언해본(한문으로 된 불교 경전을 세종 때 창제된 훈민정음으로 번역해놓은 것)들은 국어학적으로도 매우 중요한 가치가 있다. 당시 간행된 언해본 불경 중에서『능엄경』『법화경』『금강경』등이 현재까지 전해지고 있어 당시의 언어를 연구하는 귀중한 자료가 되고 있다. 또한 각각의 불경에 실린 여러 승려의 주석은 당시의 불교 사상을 연구하는 데에도 큰 도움이 되고 있다.

1464년(세조 10)에는 지금의 서울 종로 탑골 공원 자리에 원각사라는 새 절을 지었다. 본래는 고려 시대에 흥복사가 있던 자리였으나, 원각사를 지으려고 할 당시에는 이 자리에 약학도감(藥學都監)과 민가가 있었다. 사람들로부터 '큰 사찰[大寺]'이라고 불렸던 원각사를 짓기 위해 2,000여 명이 넘는 군사들이 동원되었고, 상을 내린다는 말에 신분의 고하를 막론하고 원각사를 세우는 일에 참여했다. 원각사를 짓기 위해 200여 채의 민가가 철거되었으며, 지붕을 덮는 데 사용된 기와만도 8만 장이었다. 또한 원각사에 놓을 종을 만들기 위해 동 5만 근을 사용했다. 이러다 보니 원각사를 짓는 데 들어가는 경비가 매우 컸다. 세조는 이에 필요한 동이나 목재 등을 팔도에서 분담해 바치도록 명령했다.

원각사 공사는 해를 넘겨 1465년(세조 11) 4월에 끝났다. 세조는 이를 기념해 법회를 열었다. 그리고 토지 300결을 원각사에 지급해 재원으로 삼도록 했다. 사실 원각사를 세우는 데 많은 인력과 경비가 들어간 것을 생각하면 지나친 면이 있었다. 이는 세조 자신도 잘 알고 있었다. 원각사가 완공되고 석 달이 지나 사정전에서 대신들에게 술을 베푸는 자리에서 "요사이 원각사의 역사를 일으킨 것은 이것이 진실로 지나침이 있다"라고 스스로 인정했을 정도였다.

그렇다면 세조는 왜 무리하면서까지 원각사를 세웠을까? 세조가 원각사를 세운 이유는 회암사에서 일어난 기적 때문이었다. 원각사를 짓기 시작한 그해 봄, 세조의 숙부인 효령대군(태종의 둘째 아들)이 회암사에서 원각 법회를 베풀었다. 그런데 법회 도중에 부처가 나타나고 감로가 내리는 기적이 일어났다. 세조는 이와 같은 기이한 상서는 만나기가 어려운 일이라 여겨, 이를 기리기 위해 원각사를 세우도록 승정원에 명령한 것이다.

원각사를 세우는 도중에도 여러 가지 기적이 일어났다. 사리가 스스로 쪼개져 늘어난다는 분신사리의 기적을 비롯해 상서로운 기운이 원각사 주위를 둘러싸고 있다는 소식이 수시로 전해졌다. 이러한 일이 정말로 일어났는지 명확히 알 수는 없다. 분명한 것은 세조가 회암사에서 일어난 기적이 자신의 정당성을 인정받을 기회라고 생각했다는 점이다. 회암사는 건국 시조인 태조와 깊은 인연이 있는 사찰이다. 세조는 이곳에서 일어난 기적에 화답하는 의미로 원각사를 지어 창업주로부터 정통성을 인정받고 싶었던 것이다. 결국 세조가 불교 사업을 크게 벌인 것은 조카와 형제들을 죽이고 왕위에 오른 자신의 악행에 대한 죄책감을 떨쳐버리고 위안을 받고자 하는 마음에서 비롯된 것이라 할 수 있다.

불교에 의지한 채 말년을 보낸 세조

세조는 말년에 피부병으로 고생했다. 그는 전국의 이름난

절을 찾아다니며 불공을 드리고 요양했다. 강원도 오대산에 위치한 상원사에는 세조가 머물렀던 당시의 이야기가 전해진다. 문수보살이 동자의 모습으로 나타나 세조의 몸을 씻어주자 피부병이 나았다는 것이다. 이에 세조는 고마움의 표시로 상원사를 확장하고 목조문수동자좌상(국보 제221호)과 소리가 좋은 동종(국보 제36호)을 앉히도록 명했다고 한다.

한편 병이 깊어진 세조는 1468년(세조 14) 9월 7일에 환관을 시켜 경복궁에서 면복(冕服)을 가지고 오게 했다. 그 자리에서 세자에게 면복을 친히 내리며 다음과 같이 말했다.

> 내가 병에 걸려 오래도록 정사를 보지 못했는데, 만기(萬機)의 중함을 생각하니, 마음에 더욱 근심되어 너에게 중기(重器)를 부탁하고, 한가히 거처하며 병을 치료하겠다.
>
> 『세조실록』 47권, 세조 14년 9월 7일

그리고 곧바로 세자의 즉위식이 수강궁에서 치러지니, 그가 바로 제8대 왕 예종이다.

세조는 예종에게 선위한 다음 날, 52세의 나이로 숨을 거뒀다. 단종의 모후인 현덕왕후 권 씨의 원혼이 재임 기간 내내 세조를 괴롭혔으며, 의경세자가 요절한 것도 원혼의 저주 때문이라는 이야기가 전해지기도 한다. 조카를 죽이고 왕위에 오른 것에 대한 세조 자신의 내적 갈등이 그런 전설을 만들어 내지 않았을까 짐작한다.

그렇다면 역사는 세조를 어떻게 평가할까? 흔히 세조는 그의 조부인 태종과 비교되곤 한다. 두 사람 모두 장자가 아닌데도 골육상쟁을 통해 왕위에 올랐고, 강력한 왕권을 구축하기 위해 혼신을 다한 공통점이 있다. 그리고 두 사람 모두 전대 왕을 복위하려는 시도를 물리쳐야 했고, 조사의와 이시애라는 변방의 반란 세력에 맞서 싸워야 했다.

그런데 태종의 경우 건국 초기에 이복동생인 방번·방석을 죽이기는 했지만, 동복형제인 정종과 방간은 유배를 보내긴 했어도 죽이지는 않았다. 물론 동복형제를 제외한 세력에 대해서는 확장의 기미가 조금이라도 보이면 즉시 제거했다. 자신을 초년부터 호종했던 이거이(李居易)·이애(李薆)를 비롯해 처가 식구인 민무구(閔無咎)·민무질(閔無疾)를 제거했으며, 심지어 세종의 장인인 심온(沈溫)까지 죽였다. 이럴 때 태종은 잔인할 정도로 철저했다. 또한 조사의의 난이 일어났을 때는 위기를 호기로 전환하는 탁월한 능력을 보이기도 했다. 난을 계기로 오히려 자신에게 반감을 가졌던 세력을 제거하고 집권 초기 불안했던 자신의 위상을 강화한 것이다.

이에 비해 세조는 자신의 골육인 단종과 안평대군·금성대군 등을 죽였다. 그러면서 자신을 왕으로 옹립한 한명회·신숙주 등의 훈신 세력은 효과적으로 견제하지 못했다. 오히려 이들과 혼인 관계로 연결되어 이들은 권문 세족으로 성장했다. 말년에는 구성군·남이 등의 종친 세력까지 끌어들여 권력 구도를 더욱 복잡하게 만들었다. 이는 세조의 후계자인 예종에게 큰 부담을 남기는 결과를 초래했다. 강력하게 추진하던 중앙집권화도 이시애의 난으로 주춤했다. 이는 세조가 태종만큼 능력이 뛰어나지 못했음을 보여준다.

세조는 죽어서 남양주에 위치한 광릉(光陵)에 안장되었으며, 시호는 혜장(惠莊)이다.

제8대 예종, 훈신 정치 시대를 열다

자질과 성품이 탁월했던 예종

예종은 1450년(세종 32)에 세조와 정희왕후 윤 씨의 둘째 아들로 태어났다. 이름은 황(晄), 초자는 평보(平甫), 자는 명조(明照)다. 아버지인 세조가 쿠데타로 왕위에 오른 뒤 해양대군(海陽大君)에 봉해졌다. 1457년(세조 3)에 세조의 맏아들인 의경세자(덕종으로 추존)가 20세의 나이로 죽자, 그의 뒤를 이어 세자로 봉해졌다.

예종은 세자로 책봉되기 이전부터 타고난 성품이 온화하고 자질이 우수해 일찍부터 주위의 신망을 받았다. 세자에 책봉된 후에는 서책에 뜻을 두어 시학자(侍學者)에게 날마다 세 번씩 진강(進講: 왕이나 동궁의 앞에서 학문을 강의하던 일)하게 하고, 몹시 춥거나 더울 때라도 그만두지 않았다고 한다. 세조는 그런 세자를 보고 "세자가 육예(六藝)에 이미 통하지 아니하는 바가 없다"며 칭찬했다.

한번은 세조가 세자에게 "통감(자치통감)은 어느 시대의 것을 읽느냐?"고 물었더니 세자가 한나라 헌제(獻帝) 때라고 대답했다. 세조가 다시 묻기를 "어째서 망했느냐?" 하니, 세자가 "참소와 아첨이 행해져 위엄과 권세가 점점 신하에게로 옮겨졌고, 오늘의 편한 것만 알고 후일의 위태할 것을 생각하지 않아 기강이 무너졌기 때문입니다"라고 대답했다. 이는 당시 훈신 세력과 종친 세력이 서로 대립하며 점점 험악한 분위기를 형성하던 정국에 대한 나름의 정치적인 견해라고 할 수 있다. 또한 이는 예종 자신이 풀어야 할 과제이기도 했다.

효성이 지극했던 예종은 왕위에 오르기 전 부왕의 병환이 극심해지자 수라상을 직접 챙기고 약을 미리 맛보며 밤낮을 가리지 않고 극진히 간호했다. 이 때문에 예종 자신의 건강도 나빠졌으며, 20세의 젊은 나이에 요절한 원인이 되었다.

한편 예종은 공사의 구별이 엄격해 측근의 죄를 용서해달라는 보모의 요청도 "임금 된 이는 사사로운 정이 없는 법인데, 감히 보모의 청탁으로 나라의 법을 굽히겠는가"라며 거절

할 만큼 강직한 면이 있었다. 즉위 후에는 직급에 따라 토지를 나누어 주고 당대에 한해 이를 소유하게 하는 직전수조법(職田收租法)을 본격화하고 소작인의 고소권을 인정했다. 이를 토대로 세력가들이 대토지를 소유하는 것을 억제하고자 했다. 이 밖에 부산포·제포·염포 등 삼포(三浦)에서 왜와 사무역을 금했으며, 최항 등에게 명해『경국대전』을 찬술하게 했다. 예종은 정무 틈틈이 학문에 열중해 옛 정치의 잘잘못을 비평한『역대세기(歷代世紀)』를 직접 지었고,『국조무정보감(國朝武定寶鑑)』등을 찬술하게 했다. 특히 손수 지은『어제(御製)』에 스스로 예종(睿宗)이라고 쓰면서 "사후 이 묘호를 받으면 족하겠다"고 말했다는 일화가 전한다.

예종은 세자 시절인 1460년(세조 6)에 한명회의 딸과 혼인했는데, 금슬이 좋아 주위의 부러움을 샀다고 한다. 그러나 그녀는 인성대군(仁城大君)을 낳고 산후조리를 잘못해 일찍 세상을 떴다. 예종 즉위 후 첫째 부인 한 씨는 장순왕후(章順王后)에 추존됐다. 첫째 부인과 사별 후 당시 우의정이던 한백륜(韓伯倫)의 딸을 둘째 부인으로 맞이하니, 그가 안순왕후(安順王后)다. 예종은 안순왕후와의 사이에서 제안대군(齊安大君)과 현숙공주(賢肅公主)를 낳았다.

훈신과 종친 간의 세력 다툼

예종이 즉위할 당시 정국은 혼란한 상황이었다. 조카로부터 정권을 탈취했다는 약점이 있던 세조는 자신의 집권 명분을 살리기 위해 왕권 강화에 골몰했다. 그러나 이시애의 난을 겪으면서 세조의 강력한 중앙집권화 정책은 주춤해졌다. 이런 가운데 중앙 정계에 등장한 한명회·신숙주 등의 훈신 세력과 구성군·남이 등의 종친 세력이 왕권의 또 다른 걸림돌이 되고 있는 상황이었다.

이들은 왕권을 위협할 정도로 강력한 세력을 구축하고 있었는데, 즉위 직후 경비가 허술하니 이를 보완하라는 의견이 개진될 만큼 분위기가 험악한 상태였다. 특히 세자에게 종친 세력은 잠재적인 정적이었다. 그래서 부친이 이들을 중용할 때마다 예종은 매우 꺼려했다고 한다.

이러한 정치 난제가 풀리지 않은 상황에서 젊은 나이로 왕위에 올랐지만, 예종의 영향력은 크지 않았다. 모후인 정희왕후의 수렴청정과 한명회·신숙주·구치관(具致寬) 등 원상들의 정사 관여 때문이었다. 원상 제도는 세조 말년에 도입된 제도로, 세조는 측근인 한명회·신숙주·구치관을 원상으로 지명하고 이들에게 예종의 업무 결재를 보조하도록 만들었다. 이들은 수시로 승정원을 드나들며 정무에 참여했다. 이 제도로 원상의 권력은 막강해졌으며, 왕권은 그만큼 약화될 수밖에 없었다.

당시 훈신 세력의 권력이 얼마나 막강했는지를 알 수 있는 사건이 있다. 바로 '민수의 사옥(史獄)'이라고 불리는 사건이다. 민수는 세조 시절 춘추관에서 사관을 지낸 사람이었다. 춘추관은 시정에 관한 기록을 담당하던 기관으로, 왕이 죽으면 여기에 소속된 사관이 기록한 사초를 모아 『실록』을 편찬하게 되어 있었다. 『실록』의 제1차 자료가 되는 사초는 왕도 열람할 수 없었다. 따라서 안전한 보존을 위해 각 사관의 사저에서 보관하다가 『실록』이 편수될 때 중앙에 바치게 하는 것이 관행이었다. 이렇듯 중요한 사초를 민수라는 사관이 제멋대로 고친 사건이 발생했다.

민수는 세조 재위 시 당대의 훈신인 한명회가 딴마음을 품고 있다는 내용을 기록한 사실이 있었다. 그런데 막상 세조가 죽고 사초를 내고 보니 걱정이 되기 시작했다. 한명회의 권세가 날로 커지니, 혹여 자신이 기록한 내용 때문에 후환이 있지 않을까 두려웠던 것이다. 민수는 평소 친분이 있던 이인석(李仁錫)과 최명손(崔命孫)에게 사초를 몰래 내줄 것을 청했으나 이들은 그의 청을 거절했다. 그러자 이번엔 강치성(康致誠)에게 부탁했고, 결국 사초를 내오는 데 성공했다. 민수는 내온 사초의 내용 중 일부를 고쳤다. 그런데 마음이 너무 급했던 탓인지 고친 부분을 깨끗하게 처리하지 못해 그만 다른 관리의 검열에 걸리고 말았다.

사초를 고쳤다는 사실이 예종에게 보고되자, 예종은 사초마다 그것을 쓴 관리의 이름을 명기하라고 명했다. 『실록』 편찬에 참여한 원숙강(元叔康)은 사초에 사관의 이름을 명기하는 것은 옛 법제에 어긋나는 일이므로 시행하지 말라며 소청하기도 했다. 그러나 예종은 이를 무시했다. 결국 민수가 사초를 고친 범인으로 밝혀지자 예종은 그를 친히 국문했다. 민수는 "사초를 고친 것은 대신을 두려워했기 때문이고, 자신은 외아들이라 목숨을 연명해 가통을 잇기 위해 사초를 고쳤다"고 자백했다. 이 말을 들은 예종은 "네가 훈신은 두려워하면서 임금은 두려워하지 않는다는 말인가"라고 하면서 분통을 터뜨렸다. 그래도 민수가 정직하게 사정을 고백한 점을 참작해 죽이지는 않고 제주의 관노로 만들었다. 그리고 강치성·원숙강 등을 사형에, 최명손·이인석 등을 곤장형에 처하는 것으로 사건은 마무리되었다.

이 사건은 당시 한명회 등의 훈신들이 얼마나 큰 세력을 형성하고 있는지를 여실히 보여준다. 만약 예종이 마음만 먹었다면 이 사건을 빌미로 훈신 세력에 큰 타격을 가할 수도 있었을 것이다. 그러나 예종은 그러지 않았다. 오히려 관련 인사 몇 명만 처벌하는 것으로 간단히 끝냈다. 사실 예종의 입장에서는 훈신 세력보다는 종친 세력이 더 위협적으로 느껴졌다. 그러다보니 종친 세력을 견제하기 위해서는 훈신 세력의 막강한 힘이 필요했다.

훈신 세력과 종친 세력이 서로 대립하는 가운데 예종은 난국을 타개하기 위해 훈신 세력과 손을 잡았다. 그리고 '남이의 옥'을 일으켜 종친과 무신 중심의 불만 세력을 제거했다. 또한 세조 때부터 훈신을 중심으로 임명된 원상의 수를 한명회·신숙주·구차관 3명에서 10명 내외로 늘렸다. 이는 훈신들 내부에서 어느 정도의 세력 균형을 이루도록 하기 위함이었다.

남이의 옥

1468년에 세조로부터 왕위를 물려받은 예종의 나이는 19세였다. 아직 어린 나이였지만 그에게는 처리해야 할 정치 문제가 산적해 있었다. 세조가 일으킨 쿠데타를 보좌하며 중앙 정계에 등장한 훈구 대신들을 견제하는 것이 최우선 과제였다. 세조의 총애를 받으며 실력자로 등장한 구성군과 남이 등의 종친 세력 역시 어린 왕에게는 큰 부담이었다. 아울러 이시애의 난을 진압하면서 성장한 무신들도 신경 쓰이는 존재였다.

세조는 재위 기간에 왕권 강화라는 명분에 따라 종친 세력을 중용했다. 본래 종친들은 정치에 간여해서는 안 되는 것이 고려 이래로 지속된 관행이었다. 특히 고려에서는 종친의 자질이 아무리 우수해도 과거에 응시조차 할 수 없었다. 조선에서도 이러한 전통이 이어져 종친의 정치 참여는 제한적이었다. 그런데도 세조의 총애를 받은 종친 구성군은 27세의 나이로 영의정의 자리에 올랐고, 남이도 28세에 병조판서를 역임했다. 이들의 성장은 정국 운영에 골몰하던 예종에게 큰 짐이었다. 그리고 공교롭게도 예종이 종친 세력 제거에 고심하던 시점에 남이의 옥이 일어났다.

남이는 1443년(세종 25)에 당대의 명문인 의령 남 씨 가문에서 태어났다. 그의 조부인 남휘(南暉)는 세종의 넷째 딸인 정선공주와 혼인해 부마가 되었다. 따라서 남이는 태종의 외증손자가 되는 셈이다. 남이는 어릴 때부터 무예가 뛰어났으며, 특히 활쏘기에 능해 그를 본 중국 사신조차 "이와 같은 좋은 장수는 세상에서 얻기 어렵다"며 찬탄을 아끼지 않았을 정도였다. 그는 17세에 무과에 급제했으며, 당대의 훈신인 권람의 사위가 되었다. 혼인을 통해 자신의 지위를 더욱 공고히 할 수 있게 된 것이다. 그리고 25세의 나이에 이시애의 난을 평정하는 데 큰 공을 세우며 세상에 이름을 떨쳤다. 『실록』은 당시 전장에서 남이가 펼친 활약상을 "북청의 싸움에서 남이가 진압을 드나들면서 사력을 다해 싸우니, 향하는 곳마다 적이

마구 쓰러졌고, 이 과정 중 몸에 4, 5개의 화살을 맞았으나 표정이 태연했다"고 전하고 있다.

그런데 난이 진압된 후 승진가도를 달리게 된 남이지만 마음은 항상 초조했다. 바로 구성군 때문이었다. 구성군은 세조의 친동생인 임영대군의 아들로, 이시애의 난 당시 진압군 총사령관을 맡을 만큼 세조의 신뢰를 얻고 있었다. 그런 그가 난 평정 이후 세조의 총애를 한몸에 받으며 승승장구하자 남이는 그를 경쟁자로 의식하게 되었다.

나이도 비슷하고 왕실의 가까운 친척이라는 공통점 때문에 세간에서 두 사람을 비교해서 바라보는 시선도 남이에게는 부담되었다. 더구나 남이는 호방한 성격과 경박한 인상을 주는 행적 때문에 종종 구설수에 올랐다. 국상 중에도 술과 고기를 먹고 여자와 동침하는가 하면, 심지어 "남이가 어머니와 동침했다"는 민망한 소문까지 돌았다. 사실 여부를 떠나 정적들에게는 그를 정치적으로나 사회적으로 매장시킬 좋은 구실이었다. 때마침 그가 딴마음을 품고 있는 것이 아니냐는 이야기가 그를 경계하던 주변인들에게서 나오기 시작했다. 이러한 정황이 예종을 자극했다. 평소 종친의 세력 확장을 내심 불안해하던 예종은 즉위하자마자 남이를 병조판서에서 해임했다. 병사를 맡기기에 적절하지 않다는 이유였다.

한편 예종이 즉위할 즈음 하늘에 혜성이 극심하게 나타났다. 당시 혜성은 불길한 징조를 상징했다. 그런데 남이가 혜성을 보고 대궐에 들어와 숙직하고 있던 유자광(柳子光)에게 다음과 같이 말했다.

> 세조가 우리를 아들과 같이 보살펴주었는데 이제 나라에서 큰 상이 나 인심이 위태롭고 의심스러워졌다. 이 기회를 이용해 간신이 난을 일으키면 우리는 개죽음을 면할 수 없을 것이다. 그러니 너와 나는 마땅히 충성을 다해 세조의 은혜를 갚아야 한다.
>
> 『예종실록』 1권, 예종 즉위년 10월 24일

그러면서 김국광(金國光)·노사신·한계희 등을 간신의 상징으로 지목했다. 유자광은 즉시 이를 조정에 보고했고 남이는 잡혀와 문초를 받게 되었다. 이러한 과정에서 그에게 불리한 증언이 계속되었다. 남이가 "한명회가 어린 왕을 끼고 권력을 휘두를 것이니, 이를 제거해 나라의 은혜에 보답하려 한다"고 이야기했다는 문효량(文孝良)의 증언까지 나왔다. 이는 남이를 더욱 난처하게 만들었다. 결국 혹독한 국문이 시작되었고, 남이는 이내 다리뼈가 부러지는 등 만신창이가 되었다. 자포자기의 심정이 된 남이는 술을 청해 마시고는 순순히 혐의를 인정했다. 그리고 강순을 공모자로 지목했다. 그는 세조의 은혜를 받은 장군들이 선수를 쳐 간신들을 제압할 것을 결의하면서 이후 군왕은 누구를 내세울 것인지 협의했다고 했다. 이러한 자백을 바탕으로 남이와 강순 등 관련 인사는 처형되고 사건은 신속하게 마무리되었다.

'남이의 옥' 사건은 종친과 함께 무장 세력의 입지가 확장되는 것을 경계한 일부 훈신들과 왕권 강화에 골몰하던 예종의 정치적인 입장이 맞아떨어져 발생한 사건이었다. 실제로 훈신 세력과 종친 세력은 정치적으로 반목하고 있었고, 새로운 왕이 즉위한 뒤 누가 주도권을 쥘 것인가로 경쟁하고 있었다. 이런 와중에 종친 세력의 대표주자인 남이가 표적이 되었다. 이시애의 난을 평정한 후 백두산에 올라서 지었다고 알려진 다음의 시는 남이가 일찍부터 반역의 마음을 먹었다는 증거로 활용되었다.

白頭山石磨刀盡	백두산 돌은 칼을 갈아 닳아 없어지고
豆滿江波飮馬無	두만강 물은 말을 먹여 말랐네
男兒二十未平國	사나이 스무 살에 나라를 평정치 못하면
後世誰稱大丈夫	후세에 누가 대장부라 칭하리오

훈신들은 이 시의 구절 중 '未平國'을 '未得國'으로 바꾸어 남이가 역모를 획책했다고 주장했다. 남이는 호방하지만 부주의한 성격 탓에 비극을 자초하고 말았다. 그의 주변에 있던

무장 세력도 치밀하지 못하고 서로 단합하지 못했다. 결국 이들에게 돌아간 것은 돌이킬 수 없는 패배였다.

이 사건 이후 정국의 운영은 문신을 중심으로 한 훈신들의 손에 넘어갔다. 그리고 이들은 사림이 본격적으로 중앙 정계에 등장하기 전까지 권력을 독점했다. 이들을 '훈구파'라 하고, 이들이 정치를 주도한 시대를 훈신 정치 시대라고 부른다.

예종의 짧은 생애와 치세

원래 좋지 않던 예종의 건강은 격무와 혼란한 정치 환경으로 더욱 악화되었다. 결국 즉위 1년 만인 20세의 젊은 나이로 세상을 뜨고 말았다. 너무 이른 죽음이어서 이를 둘러싸고 적지 않은 의문이 제기되기도 했다. 예종이 죽기 전 다리에 종기가 났는데, 신하들이 이를 보고 걱정하니 예종은 "이것 때문에 죽기야 하겠느냐" 하며 대수롭지 않게 반응했다. 그런데 바로 다음 날 죽음을 맞이한 것이다. 대수롭지 않은 종기 하나로 목숨까지 잃으니 의문이 생길 만하다.

민간에는 한명회 등 훈신 세력이 왕을 독살했다는 소문이 돌았지만, 사실 여부는 알 수 없다. 다만 예종의 죽음으로 정치 상황이 훈신 세력에게 유리하게 전개된 것만은 분명하다. 당시 예종은 부왕의 정책을 이어받아 강력한 중앙집권제를 추진하려 했고, 분경(奔競: 벼슬에 오르기 위한 청탁) 금지, 겸판서 폐지, 대납 금지, 면책 특권 제한 등 훈신 세력을 견제하기 위한 일련의 결단을 실행에 옮겼다. 자신들의 입지를 더욱 견고히 하려는 훈신 세력에는 이러한 성종의 노력이 거추장스러운 장애물로 느껴졌을 것이다. 그런데 예종의 갑작스러운 죽음으로 이들을 괴롭히던 마지막 장애물마저 사라진 셈이 되었다.

예종은 젊은 나이에 왕위에 올랐으나 나름 포부를 갖고 있었다. 그러나 훈신들과 종친 세력이 그의 앞길을 가로막았다. 그런 상황 속에서 예종은 자신의 건강을 돌볼 여력도 갖지 못했다. 비록 짧은 생애였지만 중앙집권화 정책의 가교 역할을 했던 것은 평가할 만하다. 이런 역할이 있었기에 성종조에 국가의 전성기를 맞이할 수 있었던 것이다.

사후에 계비인 안순왕후와 함께 경기도 고양시에 위치한 창릉(昌陵)에 묻혔다. 먼저 세상을 떠난 첫째 부인 장순왕후의 묘는 경기도 파주에 위치한 공릉(恭陵)이다.

제9대 성종, 조선왕조의 체제를 완성하다

왕위 계승자로 지목된 덕종의 둘째 아들

1469년(예종 1) 11월 28일, 예종이 20세의 젊은 나이에 죽었다. 당시 원자는 5세에 불과했다. 왕위 계승 구도가 복잡해질 상황이었다. 이때 한명회·신숙주를 위시한 원로대신들은 대비인 정희왕후에게 왕위 계승자를 지명해 달라고 요청했다. 당시 왕위 계승자로 거론된 대상자는 세 명이었다. 한 명은 예종의 아들인 원자 제안대군이었고, 나머지는 후일 덕종으로 추존되는 의경세자(세조의 맏아들)의 두 아들인 월산대군과 자산군이었다. 그러나 제안대군은 너무 어렸기 때문에 처음부터 고려 대상에서 제외되었다. 후보자는 월산대군과 자산군 두 명으로 좁혀졌다. 원칙대로라면 세조의 맏손자인 월산대군이 왕위에 오르는 것이 자연스러웠다. 그러나 현실은 그렇지 않았다. 정희왕후가 왕위 계승자로 월산대군이 아닌 자산군을 지명한 것이다. 자산군을 지명한 정희왕후는 이유를 다음과 같이 밝혔다.

> 사왕(嗣王: 선왕의 대를 물려받는 임금. 예종)의 아들(원자)은 포대기 속에 있고 또 본디부터 병에 걸렸으며, 세조의 적손(嫡孫)으로 의경세자의 아들 두 사람이 있으나, 월산군 이정(李婷)은 어릴 때부터 병이 많고, 그 동모제(同母弟) 자산군 이혈(李娎)은 재질이 준수해 숙성했으므로, 세조께서 매양 자질과 도량이 보통 사람보다 특별히 뛰어났음을 칭찬하면서 태조에게 견주기까지 했다. 지금 나이가 점차 장성해 학문이 날로 진보되어서 큰일을 맡길 만하다.
>
> 『성종실록』 1권, 성종 즉위년 11월 28일

그리하여 덕종의 둘째 아들 자산군이 왕위에 오르니, 그가 제9대 왕 성종이다. 이름은 혈(娎). 1461년(세조 7)에 자산군으로 봉해졌다. 성종은 1457년(세조 3)에 덕종과 한확의 딸인 소혜왕후 사이에서 태어났다. 왕세자였던 아버지 덕종은 성종이 태어나던 해에 20세의 젊은 나이로 죽었다.

왕위 계승 서열에서 불리한 위치였던 자산군이 왕위에 오를 수 있었던 데에는 그의 장인인 한명회의 힘이 컸다. 한명회는 계유정난을 비롯해 세조가 집권하는 데 큰 역할을 한 공신이었다. 이후 세조 집권기를 지나 예종 대에 이르기까지 그는 정치권의 실세로 자리 잡았다. 정희왕후는 후계 구도의 안정을 위해 당대의 권신인 한명회의 사위를 왕으로 지목한 것이다. 왕위에 오를 당시 자산군의 나이는 13세에 불과했다. 그래서 성년이 될 때까지 7년간 정희왕후가 수렴청정을 하게 되었다. 수렴청정이 이루어지는 동안 정국은 정희왕후와 원로대신들에 의해 좌지우지되었다. 이 기간에 성종은 아침저녁으로 경연에 참석하면서 제왕으로서 갖춰야 할 자질에 대해 학문적으로 탐구하는 시간을 가졌다.

성종은 12명의 부인에게서 28명의 자식을 두었다. 성종의 첫째 부인인 한명회의 딸 공혜왕후(恭惠王后)는 성종이 즉위하고 5년 만에 세상을 떠났다. 그리하여 성종은 당시 자신이 총애하던 후궁인 숙의(淑儀) 윤 씨를 둘째 부인으로 맞이했다. 윤 씨는 윤기무(尹起畝)의 딸로 어려서 일찍 아버지를 여의고 홀어머니 아래서 자랐다. 윤 씨는 궁녀로 궐에 들어왔다가 성종의 총애를 받아 후궁이 되었고, 왕비의 자리에까지 오르게 되었다. 윤 씨는 성종과의 사이에서 아들을 하나 낳았는데, 그가 바로 제10대 왕 연산군이다.

그런데 윤 씨는 성종보다 나이가 12살 연상이었고, 성격이 괄괄하고 대가 셌다. 연산군을 낳은 후로는 더욱 기세가 등등해졌다. 게다가 질투심이 강해서 성종이 다른 여자를 넘보는 것을 참지 못했고, 그럴 때마다 성종과 갈등이 생겼다. 이러한 갈등이 쌓여 결국 극심한 가정불화로 이어졌고, 급기야 성종이 윤 씨를 쫓아내기에 이르렀다. 대소신료들은 원자를 생산한 왕비를 내쫓으면 후환이 있을 것이라며 반대했지만, 성종은 자신의 뜻을 관철시켰다. 이 일은 훗날 연산군의 악행에 빌미를 제공했다.

윤 씨를 폐출한 성종은 윤호(尹壕)의 딸 숙의 윤 씨를 셋째 부인으로 맞이하니, 그가 정현왕후(貞顯王后)다. 정현왕후는 성종과의 사이에서 진성대군(晉城大君)을 비롯해 1남 1녀를 낳았는데, 진성대군은 훗날 연산군을 몰아내고 제11대 왕 중종이 되었다.

성종은 비록 어린 나이에 왕위에 올랐지만 강력한 권력을 행사하던 구성군을 유배하는 등 왕권 강화에 힘썼다. 또한 착실히 제왕 수업을 받으며 성년이 된 후에는 탁월한 정치력을 발휘했다. 성종은 정치·문화적으로 많은 업적을 남겼는데, 대표적인 것이 『경국대전』을 편찬해 반포한 것이다. 『경국대전』은 조선왕조 통치의 근간이 되는 법전으로, 여기에 기초해 국가를 운영할 수 있게 되었다. 그 밖에 반납할 과전을 국가에서 수수하는 관수관급제(官收官給制)를 실시했으며,『동국여지승람(東國輿地勝覽)』『동국통감(東國通鑑)』『국조오례의(國朝五禮儀)』등의 서적을 간행했다. 또한 세조가 폐지한 집현전을 대신해 홍문관을 설치했다. 홍문관은 왕의 자문 기관으로서 기능하는 한편 학문 발전에도 기여했다. 이처럼 성종은 국정의 안정 속에서 조선왕조의 정치·경제·사회·문화적 기초를 다졌다.

정희왕후의 수렴청정

예종의 급작스런 죽음으로 성종이 왕위에 올랐을 때 성종은 겨우 13세였다. 나이도 어리고 왕위 계승 서열과 상관없이 갑자기 왕으로 지목되었기 때문에 제왕 수업을 받을 기회도 없었다. 이런 왕에게 국가의 앞날을 전부 내맡길 수는 없었다. 이와 같은 비상사태에 왕조를 안정시키기 위해 도입된 제도가 수렴청정이었다. 수렴청정은 어린 왕이 즉위했을 때 그가 성년이 될 때까지 왕을 보좌하는 역할을 대비나 대왕대비에게 맡기는 조선 시대의 제도를 말한다.

조선에서 수렴청정이라는 제도가 생긴 배경은 무엇일까? 현실적으로 어린 왕이 즉위했을 때 왕을 제대로 보좌할 수 있는 사람은 경륜이 풍부한 신료들이다. 종친 중 유능한 사람이 있다면 그가 어린 왕을 보좌할 수도 있을 것이다. 그러나 조선 왕조에서는 이러한 방법을 수용하지 않았다. 그 이유는 왕권 보호다. 인망과 경륜이 있는 종친이나 신료가 어린 왕을 보좌하다가 왕위를 찬탈하는 경우가 생길 수 있기 때문이다. 이미 조선은 단종 대의 역사를 통해 이러한 경우를 경험한 바 있었다. 따라서 왕을 보좌할 사람은 자신이 왕이 될 수 없는 사람이어야 했다. 그러면서도 왕실과 가까운 사람이어야 했다. 그러한 조건에 부합하는 사람은 왕의 어머니나 할머니뿐이었다.

유교 사상에 따르면 여성은 정치에 간여할 수 없었다. 여성이 정치에 간여하거나 바깥일에 간섭하면 이는 망조가 드는 것으로 간주했다. 따라서 유교 국가인 조선에서 여성이 왕이 된다는 것은 상상할 수 없는 일이었다. 그리고 왕의 어머니나 할머니는 혈연적으로 왕과 가장 가까운 사이다. 권력에는 부자지간도, 형제지간도 없다고 한다. 그러나 비정한 권력의 세계라 할지라도 어머니가 친자식을 어쩌지는 못할 것이라는 보편적인 정서도 수렴청정 제도가 도입된 배경이라고 할 수 있다.

수렴청정할 때 대비와 왕 사이에 발을 드리움으로써 여성은 정치에 간여하지 않는다는 상징성과 남녀의 유별함을 보여주었다. 그러나 실제로는 여성인 대비가 왕과 함께 군국대사(軍國大事)를 모두 듣고 처결했다. 그런 의미에서 수렴청정은 현실적인 필요성과 유교 이념의 타협으로 탄생한 제도였다고 할 수 있다.

조선에서 최초로 수렴청정을 실시한 사람은 세조의 정비인 정희왕후였다. 신숙주·한명회 등 원로대신의 요청으로 성종을 왕으로 지목한 사람도 대비인 정희왕후였다. 원로대신들은 어린 성종이 즉위하자마자 정희왕후에게 다음과 같이 수렴청정을 요청했다.

> 사왕(성종을 말함)이 나이가 어리니 온 나라 신민은 허둥지둥하면서 어찌할 바를 모르고 있습니다. 엎드려 생각하건대, 자성왕대비전하(慈聖王大妃殿下: 정희왕후를 말함)께서는 슬픈 정리(情理)를 조금 억제하시고, 종사의 소중함을 깊이 생각하시어 위로는 옛날의 전례를 생각하시고, 아래로는 여러 사람의 심정을 따라서 모든 군국의 기무를 함께 들어 재단(裁斷)해 사군(嗣君)이 능히 스스로 정사를 총람하기를 기다려 환정(還政)하시면 매우 다행하겠습니다.
>
> 『성종실록』 1권, 성종 즉위년 11월 28일

이때 정희왕후는 "자신은 한문도 모르고, 바깥일을 잘 모른다"고 사양하면서 자신의 큰며느리이자 성종의 생모인 한 씨를 추천했다. 성종의 생모 한 씨는 한확의 딸로 덕종의 부인이었다. 살아서는 인수대비(仁粹大妃)라 불렸고, 사후에는 추존왕인 덕종의 비로서 소혜왕후라는 시호를 받았다. 인수대비는 정치에 관심이 많아 한문으로 된 책도 많이 읽었으며, 기가 세서 대궐의 군기를 꽉 잡고 있었다. 그러나 신숙주를 비롯한 원로대신들은 계속 정희왕후에게 수렴청정할 것을 요청했다. 정희왕후가 명실상부한 왕실의 최고 어른이므로 그를 배제할 수 없었을 것이다.

신료들의 계속되는 요청에 정희왕후는 수렴청정을 수락했다. 이로써 조선 최초의 수렴청정이 시작된 것이다.

조선 시대의 수렴청정은 대략 다음과 같은 방식으로 운영되었다. 첫째, 대비가 수렴청정하는 장소는 왕과 신료들이 국사를 논의하는 정전이었다. 이곳에서 대비는 약간 동쪽에 자리해 발을 드리우고, 왕은 약간 서쪽에 자리해 남쪽으로 향했다. 둘째, 국가의 중요 국정 사항은 왕이 대비의 의견을 들어 결단하거나 대비가 직접 결단했다. 셋째, 대비가 내리는 명령서는 국왕의 명령서를「교지(教旨)」라고 한 것과 구별해서「의지(懿旨)」라고 했다. 조선 후기에는 대비의 명령서를「자지(慈旨)」라고 불렀다. 참고로, 왕세자의 명령서는「휘지(徽旨)」라고 불렀다. 넷째, 수렴청정 기간 중에는 신료들이 왕보다 대비에게 먼저 예를 행했다. 즉, 정전에서 왕과 신료들이 모이면 신료들은 먼저 대비에게 네 번 절하고 이어서 왕에게 네 번 절했다. 다섯째, 수렴청정은 왕이 성년이 되어 스스로 국정을 결단할 수 있으면 정지했다. 이와 같은 수렴청정 제도의 운영 방식은 중국 송나라의 선인태후(宣仁太后)의 전례를 따른 것이다. 이후 조선 시대에 수렴청정이 시행될 때마다 이 모델을 참고했다.

당시 대비들은 대부분 한문을 알지 못했으므로 한문으로 작성된 공문서나 상소문을 번역·통역해주는 일이 중요했다. 중국에서는 내시가 이 일을 담당했다고 한다. 그러나 조선에서는 내시의 발언권이 약했던 만큼, 이 같은 기능은 승정원의 승지나 대신들이 직접 담당했다. 대비가 대궐 안에 있을 때는 재능이 있고 한문을 아는 궁녀나 내시가 담당했다.

정희왕후의 경우에는 공문서를 읽거나 교지를 내릴 때 한문을 아는 두대라는 여자종을 거쳤다. 두대는 노비 신분에 불과했지만, 정희왕후의 통역을 담당하면서 막강한 영향력을 갖게 되었다. 그 기세가 얼마나 등등했는지 두대의 동생이 길에서 삼사 관료를 만나도 비키지 않고 거만을 떨었다거나 두대의 집에 인사 청탁을 하는 사람의 발길이 끊이지 않았다는 이야기가 전해질 정도다.

즉위 당시 13세였던 성종이 20세 성년이 되기까지 정희왕후는 7년 동안 수렴청정을 한 조선의 실질적인 여자 군주였다. 이 기간에 인사권·상벌권 등 왕의 권력을 대행하면서 중앙 정계의 실세로 군림했는데, 신숙주·한명회·구치관 등 공신들도 함께 정국을 주도했다.

구성군의 제거

성종 즉위 직전까지 조정에서는 훈신과 종친 간의 세력 다툼이 전개되고 있었다. 세조 대에 일어난 이시애의 난을 계기로 급성장한 종친 세력은 훈신 세력과 양대 세력을 형성하며 대립했다. 그런 가운데 즉위한 예종은 자신에게 위협적인 종친 세력을 제거하기 위해 훈신 세력과 손을 잡았고, 이 과정에서 남이를 제거했다. 그리고 구성군 이준이 남아 있었다.

구성군은 세조의 총애를 받으며 28세의 젊은 나이로 영의정의 자리에까지 올랐다. 그런 그가 남이를 제거하는 과정에서 훈신 세력과 손을 잡았던 것이다. 그는 1469년(예종 1)에 남이의 옥사를 다스린 공으로 익대공신(翊戴功臣) 2등에 훈봉되었다. 그러다 이듬해에 아버지 임영대군(臨瀛大君: 세종의 넷째 아들)의 상을 당해 영의정의 자리에서 내려왔다. 그 사이 예종이 의문의 죽음을 당하는 바람에 한명회의 사위인 성종이 정희왕후의 지명을 받아 왕위에 오른 것이다.

정희왕후의 수렴청정을 받던 어린 성종에게는 아무런 권력이 없었다. 그런데 성종이 즉위한 다음 해인 1470년(성종 1)에 공교롭게도 이른바 '구성군 사건'이 터졌다. 구성군 사건은 김

윤생(金允生)과 윤경의(尹敬義)가 승정원에 다음과 같은 내용의 서신을 보내면서 시작되었다.

최세호(崔世豪)가 귀에 입을 대고 은밀히 말하기를 "우리 가문은 멸시할 수가 없다. 우리 구성군은 왕손이 아닌가? 숙부 길창군(吉昌君)이 나에게 말하기를 '구성군은 건장하고 지혜가 있으니 신기(神器)를 주관할 만한 사람이다'라고 했다. 지금 어린 임금을 세웠으니 나라의 복은 아닌데, 어찌 왕위의 결정을 잘못했을까? 만약 내가 용사(用事)했다면 이와 같지는 않았을 것이다. 그대는 이 말을 듣고는 침묵을 지켜야만 한다"고 했습니다.

『성종실록』 2권, 성종 1년 1월 2일

곧바로 최세호에 대한 추국이 실시되었다. 최세호는 구성군의 인척이었고, 이러한 고변은 구성군을 겨냥한 것이 명백했다. 그러나 최세호는 고문을 받고도 혐의를 부인했다. 그러자 이번에는 한명회의 조카들인 한계미(韓繼美)·한계희·한계순(韓繼純)이 권맹희(權孟禧)가 최세호 사건에 연루되었다며 다음과 같이 고변했다.

권맹희가 말하기를 "무엇 때문에 형을 버리고 아우를 세우는가?" 하므로, 신이 대답하기를 "대비의 생각이니 내가 어떻게 알 수 있겠는가? 다만 월산군은 어릴 때 중병이 있었는데 지금도 때때로 병이 발생하고 있다. 지금 임금은 아이 때부터 세조께서 이를 기특하게 여겨서 일찍이 일컫기를 '이 아이는 마침내 어떤 사람이 될 것인가?'라고 하셨으니, 생각건대 이런 일로써 세우게 된 것일 것이다'라고 했습니다. (중략) 권맹희가 말하기를 "구성군도 또한 물망이 있는 사람이다"라고 했으며, (중략) 권맹희는 말하기를 "최세호가 세조조에서는 임영대군 부인의 친족으로서 특지(特旨)로 관직에 임명된 사람이니 힘써 도모하기를 바란다"고 하므로, 신은 대답하기를 "마땅히 상고해 처리하겠다"라고 했습니다.

『성종실록』 2권, 성종 1년 1월 13일

권맹희와 최세호를 엮으면서 또다시 구성군을 겨냥한 것이었다. 그러나 이러한 고변에도 정희왕후는 세조의 총애를 받았던 구성군을 처벌하는 데 난색을 표했다. 그러자 신숙주는 한명회 등의 원상들과 고변 당사자인 한계미 등과 함께 정희왕후를 직접 찾아가서 구성군의 과거 행적까지 들춰가며 그의 처벌을 요구했다. 또한 정창손을 비롯한 여러 공신이 합동으로 「상소」를 올려 구성군을 공격했다.

결국 정희왕후도 이들의 뜻을 따를 수밖에 없었다. 구성군은 서인의 신분으로 강봉된 채 유배되었으며, 최세호와 권맹희는 처형되었다. 이로써 세조 때부터 이어진 공신 세력과 종친 세력의 대결은 공신 세력의 승리로 종지부를 찍었다. 구성군 사건 이후로 종친의 정치 참여가 법적으로 제한되었고, 이들의 지위는 크게 낮아지게 되었다.

폐비 윤 씨의 죽음

1479년(성종 10) 6월, 성종은 둘째 부인인 윤 씨를 폐출했다. 조선이 개국된 후 왕이 부인을 폐출한 첫 번째 사건이었다. 성종이 윤 씨를 왕비로 책봉한 지 3년 만이었다. 윤 씨가 훗날 연산군이 되는 원자를 낳은 생모라는 점에서 더욱 충격적인 일이었다. 이는 큰 후환이 될 수 있었다. 게다가 사대부 가문에서도 정실부인을 내쫓는 것은 보통 일이 아니었다. 하물며 백성의 모범이 되어야 하는 왕이 사사로이 정비를 폐출한다는 것은 간단한 문제가 아니었다. 그렇기 때문에 신료들도 대부분 폐비를 강력히 반대했다. 별거를 하는 한이 있더라도 폐비만은 안 된다는 것이 그들의 의견이었다.

그러나 성종은 신료들의 의견을 무시한 채 폐비를 강행했다. 성종은 왕후를 폐출시킨 이유를 다음과 같이 밝혔다.

첫째, 윤 씨가 궁녀를 독살하려 했다는 것이다. 성종은 윤 씨를 왕후로 들인 후에 숙의 엄 씨와 숙용(淑容) 정 씨를 총애했다. 자연히 성종은 이들을 찾는 횟수가 늘어났고, 이에 반해 윤 씨를 찾는 일은 줄어들었다. 성격이 괄괄했던 윤 씨는 이를 견디지 못했다. 성종이 엄 씨나 정 씨의 처소에 들면 불쑥 그 방에 나타나 성종을 당황스럽게 했다. 그러다 결국 엄 씨와 정 씨를 암살하려고까지 했던 것이다. 윤 씨의 처소에서 독약을 발라놓은 곶감과 비상을 발견한 것이 결정적인 증거였다. 이를 본 성종은 생명의 위협을 느꼈다. 윤 씨가 독한 마음을 먹고 자신에게 독극물이 든 음식을 먹일지도 모른다고 생각한 것이다.

둘째, 윤 씨가 갖가지 사술을 쓴다는 것이었다. 윤 씨가 사술을 쓴 대상자 역시 엄 씨와 정 씨였다. 윤 씨는 이들이 성종의 총애를 받는 것도 싫었지만, 엄 씨와 정 씨가 아들을 낳을까 봐 더 걱정이었다. 자신도 이미 원자를 낳은 몸이었지만 성종의 미움을 받던 터라 불안했다. 그래서 이들이 아들을 낳지 못하게 하려고 갖가지 사술을 동원했다. 혹시 아들을 낳더라도 온전한 몸으로 태어나지 못하도록 하는 비법을 사용했다. 이 같은 비법은 궁녀나 민간의 무당에게서 배웠는데, 윤 씨가 이러한 사술이 적힌 책을 가진 것이 발각되기도 했다.

이 밖에 성종을 무시하고 제멋대로 행동한 것도 문제가 되었다. 술을 마시고 늦게 일어나는 날도 많았고, 정치에 관심이 많아 조정 대신의 집안 이야기나 시세에 대해 시시콜콜 이야기하기도 했다. 성종의 눈에는 이런 윤 씨가 하나부터 열까지 마음에 들지 않았다. 한마디로 왕비의 자격이 없다고 생각했다.

그러나 처음부터 성종이 윤 씨를 싫어했던 것은 아니었다. 윤 씨가 왕비로 책봉될 때만 하더라도 상황은 달랐다. 어려서 왕이 된 성종은 자신보다 12살 연상인 윤 씨를 총애했다. 그래서 당시엔 "성종이 총애하고 검소하며, 대비의 마음에도 들었다"는 좋은 평가를 받았다. 그런데 3년 만에 윤 씨에 대한 평가는 정반대가 되었다. 정치에 대한 관심과 질투심 많은 성격이 성종의 미움을 사게 된 직접적인 원인이었다.

여기에 성종의 생모인 한 씨가 대비로서 강력한 권력을 행사하고 있던 현실도 한몫했다. 성종은 왕비인 윤 씨가 자신을 독살하고 어린 원자를 왕위에 올려 수렴청정하려고 한다는 의심을 가졌다. 각종 비행이 드러나면서 성종의 의심은 확신으로 굳어졌고, 대비 한 씨마저 성종의 생각에 동조하니 상황은 돌이킬 수 없게 되었다.

결국 폐비를 실행한 성종은 한발 더 나아가 사가에 있던 윤 씨에게 사약을 내렸다. 그리고 이유를 다음과 같이 밝혔다.

윤 씨가 흉험(凶險)하고 악역(惡逆)한 것을 이루 다 말할 수 없다. 당초에 마땅히 죄를 주어야 하겠지만, 우선 참으면서 개과천선하기를 기다렸다. 기해년(1479)에 이르러 그의 죄악이 매우 커진 뒤에야 폐비해 서인으로 삼았지만, 그래도 차마 법대로 처리하지는 않았다. 이제 원자가 점차 장성하는데 사람들의 마음이 이처럼 안정되지 않으니, 지금은 비록 염려할 것이 없다고 하지만, 후일의 근심을 이루 다 말할 수 있겠는가? 경들이 각기 사직을 위하는 계책을 진술하라.

『성종실록』144권, 성종 13년 8월 16일

폐비가 살아있으면 원자가 왕위에 올랐을 때 어떤 후환이 있을지 두려웠던 것이다. 폐비 윤 씨는 그렇게 성종이 내린 사약을 마시고 죽었다. 그리고 이 일은 훗날 연산군 대에 피의 파란을 일으키는 불행의 씨앗으로 남게 되었다.

『경국대전』의 완성과 반포

조선은 왕을 정점으로 하는 중앙집권적 양반 관료 국가였다. 그러나 왕이나 집권 관료들의 자의나 편의에 의해서만 나라가 운영된 것은 아니었다. 오히려 조선왕조를 500년간 지탱시켜준 뼈대는 '법'이었다. 세조 때부터 편찬하기 시작해 성종 때 완성된 『경국대전』이 그 바탕이 되었다. 『경국대전』이란, 말 그대로 '국가 경영에 필요한 큰 법전'이란 뜻으로, 성종대부터 조선이 망할 때까지 기본 법전으로 사용되었다.

『경국대전』은 이전(吏典)·호전(戶典)·예전(禮典)·병전(兵典)·형전(刑典)·공전(工典)의 육전(六典)으로 구성되었다. 조선의 행정 조직이 이조·호조·예조·병조·형조·공조의 육조로 짜여 있기 때문에 이에 맞춰 법전 또한 육전이 된 것이다. 이러한 육전 체제의 기원은 중국의 법인 『주례(周禮)』에서 찾을 수 있다. 『주례』는 천관(天官)·지관(地官)·춘관(春官)·하관(夏官)·추관(秋官)·동관(冬官)의 육관(六官)으로 되어 있다. 『경국대전』의 육전은 바로 『주례』의 육관에 본떠서 만들어졌다.

조선 시대 법 제정의 가장 중요한 근거는 왕의 명령이었다. 『경국대전』 역시 이를 기초로 작성되었다. 즉 각 조의 업무에 맞춰 태조로부터 성종에 이르기까지의 왕명과 교지·판지(判旨: 각 부서에서 필요한 법 조항을 올리고 이를 왕이 재가한 것) 등을 집대성했다. 육조는 이렇게 정리한 『경국대전』의 법 조항을 근거해 업무를 처리했다.

오늘날 전해지는 『경국대전』은 조선왕조가 개창된 지 90여 년이 지난 1485년(성종 16)에 반포된 것이다. 이 법전이 반포된 해가 간지로 을사년에 해당되기 때문에 『을사대전(乙巳大典)』이라는 별칭으로 부르기도 한다. 『경국대전』의 반포는 조선왕조 개창 이후 계속되어 온 법전 편찬 노력의 결실이라고 할 수 있다. 조선을 창업한 태조 이성계는 「즉위 교서」에서 "의장법제(儀章法制)는 고려의 것을 따르며 법률을 정립해,

공적 업무는 법에 의거해 처리함으로써 고려 시대의 폐단을 되풀이하지 않겠다"고 선언했다. 이는 통치의 기본 방침으로, 혁명적인 개혁을 하지 않으면서도 통일된 법률을 제정해 법에 의한 정치를 시행하겠다는 의지를 밝힌 것이다. 이와 같은 태조의 명에 따라 1394년(태조 3) 5월 정도전 등이 편찬한 것이『조선경국전(朝鮮經國典)』이다.

이를 시작으로 왕조 통치의 기본이 되는 새 법령들이 차례로 만들어졌다. 1397년(태조 6) 12월에 공포된『경제육전(經濟六典)』은 우리 역사상 최초의 성문 통일 법전으로, 이를 개정해 속전(續典)이 계속 편찬되었다. 그러다 세조 대에 이르러 전환기를 맞이했다. 세조는 새로운 법률을 계속 만들면서 모순되거나 미비한 점이 있을 때마다 속전을 편찬하던 방식에서 벗어나, 그동안 만든 법을 전체적으로 조화시켜 영구적으로 시행할 수 있는 법전을 제정하고자 했다. 그리하여『경국대전』의 편찬이 시작되었다.

1460년(세조 6) 7월에 재정과 경제의 기본이 되는 호전이 완성된 데 이어, 1461년(세조 7) 7월에는 형전이 완성되었다. 그런데『경국대전』의 형전은 형법 전반을 다룬 것이 아니었다. 조선은 개국 직후부터 명나라의『대명률(大明律)』을 기본 형법으로 사용하고 있었다. 조선과 국가 체제가 유사한 명나라의 형률을 차용함으로써 형법을 만드는 데 드는 비용과 노력을 아끼려 한 것이다. 세조 대에 완성된 형전은 『대명률』에 없거나 조선의 특수한 상황에 적합한 형법만 제정한 것이다. 즉 조선 형법에서 『대명률』이 일반법이라면 형전은 특별법이라 할 수 있다. 형전의 앞머리에도 "형률은 『대명률』을 쓴다"고 명시하고 있다.

이처럼 『경국대전』 중에서도 호전과 형전을 먼저 완성한 것은 두 법률이 백성의 생활과 가장 관련이 깊고, 국가 운영의 기본이 되기 때문이다. 호전과 형전을 제외한 나머지 사전(四典)도 세조의 재위 기간 중에 기본 틀이 갖춰졌으나, 미진한 부분이 있어 이를 보충하고 수정하는 작업이 계속 진행되었다. 그러다 세조가 죽고 뒤이어 왕위에 오른 예종마저 일찍 세상을 뜨는 바람에 육전은 성종 대에 이르러 비로소 완성되었다. 육전 편찬의 의의를 『경국대전』의 「서문」을 쓴 서거정(徐居正)은 다음과 같이 밝히고 있다.

신이 가만히 생각하건대, 천지가 광대해 만물 중 하늘이 덮고 땅이 싣지 않은 것이 없습니다. 또한 사시의 운행으로 만물이 생육되지 않는 것이 없습니다. 성인이 법제를 지으심에 만물을 흔쾌히 보지 않는 것이 없습니다. 이는 진실로 성인이 지으신 법 제도는 천지와 사시의 운행 법칙과 같기 때문입니다. 옛날부터 법 제도의 융성함이 중국의 주나라만한 것이 없는데, 주관(周官)은 육경(六卿)으로서 천지와 사시에 짝을 맞추었으므로 육경의 직관은 하나라도 비워서는 안 됩니다.

『경국대전』 서문

『경국대전』의 반포로 조선왕조는 법에 의해 국가를 통치할 수 있는 통일 법전을 갖추게 되었다. 한편『경국대전』은 중국 법의 무분별한 침투를 막고 우리 고유의 법을 유지하고 계승하는 역할을 했다. 물론『경국대전』이 조선왕조의 유일한 법전은 아니었다. 이후에도『속대전(續大典)』과『대전통편(大典通編)』이 각각 영조와 정조 대에 편찬되었고, 고종 때 조선 최후의 통일 법전인『대전회통(大典會通)』이 편찬되었다. 이 법전들이 편찬되면서『경국대전』의 일부 조문은 개정되거나 폐지되기도 했다. 그러나 이런 경우에도 각각의 법전에『경국대전』의 원문을 '원(原)'자로 표시해 기재했다. 이는 조선왕조가 지속되는 동안『경국대전』의 권위가 계속 유지되었음을 의미한다.

양반 관료 체제의 완성

『경국대전』의 편찬으로 조선의 중앙집권적 양반 관료 체제가 완성되었다. 중앙집권적 양반 관료 체제의 특징은 양반이 집권층으로 군림하고 문치주의를 실현시키는 데 있었다. 양반은 문반과 무반의 두 반열을 합쳐서 일컫는 말이다. 즉 양반은 문·무 두 직능을 가진 관료군을 의미한다. 그런데 당시는 신분제 사회였기 때문에 문·무 양반의 가족과 친족도 지배층으로 분류되었다. 따라서 양반은 지배층을 의미하는 신분 개념으로 쓰이기도 했다.

양반은 당나라 제도를 본받아 만들어졌다. 양반 신분층은 고려 시대부터 생기기 시작했는데, 삼국 시대에는 문·무의 직능별 구별이 없었다. 고려 시대에 양반으로 편입된 사람은 왕건을 따라 공을 세운 공신이나 왕건을 지지한 호족 세력, 또는 과거를 거쳐 관료가 된 향리의 자제들이었다. 왕권을 강화하기 위해 고려 광종 때부터는 과거 제도를 실시했는데, 과거의 최종 시험관은 국왕이었다. 그러므로 관료는 국왕에게 충성하게 되어 있었다.

관료가 되는 길에는 혈통과 능력에 의한 경우가 있었다. 고위 관료의 아들과 손자, 조카와 사위는 아버지나 할아버지·외할아버지의 음덕으로 과거를 치르지 않고도 음직(蔭職)을 받을 수 있었다. 반면에 능력 있는 사람은 과거를 통해 관료가 될 수 있었다. 고려 이후의 관료는 이 두 부류로 구성되어 있었다. 그러나 음직을 받은 사람이 이미 관품을 가진 채 과거에 합격해 성적에 따라 더 높은 관직을 차지할 수 있었기 때문에 귀족 자제가 더 유리했다. 조선 시대에는 아예 현직 관료인 음직자가 과거를 볼 기회를 늘려놓았기 때문에 관직은 세전되는 경향이 있었다. 물론 귀족 자제가 아니라도 능력만 있으면 과거를 통해 관직을 차지할 수 있었고 이로써 새로운 피가 관료 사회로 흘러들어올 수 있었다. 그러나 양반 귀족 자제가 교육 여건이나 조상의 음덕이 있어 출세가 빨랐던 것은 사실이다.

양반은 문반과 무반으로 구성되어 있었지만, 지식인 관료인 문반이 무반보다 우월했다. 지식인 관료가 지배층이 된 것은 중국의 춘추전국 시대부터다. 약육강식이 성행하던 춘추전국 시대에는 부국강병책을 쓰기 위해 지식인 관료의 도움이 필요했다. 이들은 주군을 도와 나라를 부강하게 하는 대가로 정치적으로는 지배층이, 경제적으로는 지주가 되었다. 지식인 관료는 자기들의 지위를 확고히 하기 위해 도덕적인 수양을 관료가 되는 필수 조건으로 내세웠다. 이른바 문치주의다.

문치주의 국가에서는 도덕적으로 수양되지 않은 사람은 관료가 될 수 없었으며, 관료가 되더라도 제대로 대우받지 못했다. 그러므로 관료가 되려면 유교 교양을 정리해놓은 경전을 익혀야 했다. 경전뿐 아니라 정치의 거울인 역사·문명 세계를 살아가는 데 필요한 문학 소양을 두루 갖추어야만 했다. 이것은 모두 과거의 과목이기도 했다. 무예나 기예에 관한 과거인 무과나 잡과가 있기는 했으나 문과보다 한 수 아래였다. 문과가 무과나 잡과보다 우월할 뿐 아니라 문관직이 무관직이나 기술직 서리보다 우월했으며, 무관이나 기술관은 고위 관직에 올라갈 수 없었다. 군사령관도 무관이 아닌 문관이 맡는 실정이었다. 따라서 무관이나 기술관이 천시되는 것은 당연하게 받아들여졌다.

문치주의는 중앙집권 체제를 지향했다. 위로는 관료 내부의 분열을 방지하기 위해 왕권을 강화하고 제재하는 제도 장치를 마련했다. 왕이 잘못을 했을 때 간쟁(諫諍)하는 대간(大諫)·사필(史筆)을 통해 국왕의 전제권을 제약하는 사관(史官), 국왕이나 세자의 행동과 사고를 교육하는 경연·서연(書筵) 등이 그것이다. 국왕은 세습제기 때문에 우수한 사람이 반드시 국왕이 되는 것은 아니지만, 지식인 관료는 시험으로 뽑아 대부분 우수한 인재들이었다. 이른바 지식인 정치였기 때문에 통치술이 발달해 중앙집권 체제를 유지할 수 있었다. 세계사에서 이러한 지식인 정치가 수행된 나라는 드물며, 한국과 중국이 유일할 것이다.

지식인 관료는 네 가지 어려운 일을 해냈다. 군인을 누르고, 여자를 누르고, 사무원을 누르고, 환관을 눌렀다. 현대 사회에서도 네 세력을 누르는 것은 쉬운 일이 아니다. 이들은 고도로 발달된 지식과 이론으로 네 세력을 누르고 핵심적인 지배층이 될 수 있었다.

양반 관료 체제의 관직

양반의 관직에는 산관(散官: 일정한 사무가 없는 벼슬)과 직사(職事: 직무가 있는 벼슬)가 있었다. 산관의 관계(官階)와 직사의 관품(官品)이 일치하는 것이 이상적이지만, 산관은 직사의 관품보다 높을 수도 낮을 수도 있었다. 전자를 행직(行職), 후자를 수직(守職)이라고 했다. 그런데 행직이 수직보다 많았다. 관직 수는 적고 관직을 하고자 하는 사람은 많았기 때문이다.

조선의 관품은 6품 이상은 쌍계(雙階), 7품 이하는 단계(單階)로 이루어져 있으며, 문산계(文散階)는 18품계가 다 있으나 무산계(武散階)는 2품 이상의 품계가 없다. 따라서 무관이 2품 이상으로 올라가려면 문산계를 빌려 쓰지 않으면 안 되었다. 정3품 통정대부·절충장군 이상을 기관장급인 당상관(堂上官)이라 했고, 종4품부터 정3품 통훈대부·어모장군까지를 당하관(堂下官)이라고 했다. 6품 이상을 조회에 참석할 수 있는 참상관(參上官)이라고 했고, 7품 이하를 참하관(參下官)이라고 했다. 참하관은 450일을 근무해야 한 품계를 올라갈 수 있었고, 참상관은 900일을 근무해야 한 품계를 올라갈 수 있었다.

그러나 당상관은 정치 관료로 근무 일수와 무관했으며, 양

급	품계		봉작		직책
			문산계	무산계	
당상관	정	1품	대광보국숭록대부		영의정 · 좌의정 · 우의정
			보국숭록대부		
	종		숭록대부		좌찬성 · 우찬성
			숭정대부		
	정	2품	정헌대부		판서 · 좌참찬 · 우참찬
			자헌대부		
	종		가정대부		참판 · 관찰사
			가선대부		
당하관	정	3품	통정대부	절충장군	침의 · 목사 · 도호 · 부사
			통훈대부	어모장군	
	종		중직대부	건공장군	집의 · 사관
			중훈대부	보공장군	
	정	4품	봉정대부	진위장군	군수 · 사인 · 장령
			봉렬대부	소위장군	
	종		조산대부	정략장군	경력 · 첨정
			조봉대부	선략장군	
참상관	정	5품	통덕랑	과의교위	현령 · 판판 · 지평
			통선랑	충의교위	
	종		봉직랑	현신교위	정랑 · 교리
			봉훈랑	창신교위	
	정	6품	승의랑	돈용교위	좌랑 · 감찰
			승훈랑	진용교위	
	종		선교랑	여절교위	현감 · 찰방
			선무랑	병절교위	
참하관	정	7품	무공랑	적순부위	박사 · 직장
	종		계공랑	분순부위	
	정	8품	통사랑	승의부위	저작
	종		승사랑	수의부위	
	정	9품	종사랑	효력부위	정사 · 훈도 · 참봉
	종		장사랑	전력부위	

조선 시대 관직표

제9대 성종, 조선왕조의 체제를 완성하다 129

반 청요직(淸要職) 또한 근무 일수를 따지지 않았다. 또 부조(父祖: 아버지·할아버지·외할아버지)가 받은 품계를 아들과 손자가 대신 받을 수도 있었다. 이를 대가(代加)라고 한다. 그리고 뒤에는 종친에게 주는 종친계(宗親階), 외척에게 주는 의빈계(儀賓階), 동·서북면의 토관에게 주는 토관계(土官階), 천인에게 주는 잡직계(雜職階)가 생겨 문·무산계와 구별했다.

관품을 받은 사람은 관직을 받아야 했지만 관직 수가 적어 대기하는 사람이 많았다. 이들을 품관(品官), 또는 유품관(流品官)이라고 했다. 이들이 양반을 구성하는 기초였으며, 사림의 연수(淵藪: 여러 사람이 모여드는 곳)이기도 했다. 조선 초기에는 고려 시대 이래로 혼재된 이들을 품관과 향리로 갈라 품관은 재지 사족으로 격상시키고, 향리는 지방 행정 사역인으로 격하시켰다. 이들 중 전자는 양반층, 후자는 중인층으로 굳어졌다. 고려 이래로 포화 상태에 이른 지배층이 양분된 것이다.

관직에는 실제 관직인 실직(實職)과 가짜 관직인 산직(散職)이 있었다. 고려는 반독립적인 지방 향리들을 국가 관인으로 흡수하기 위해 여러 가지 산직을 두었다. 이들 산직에도 처음에는 일정한 녹봉과 과전을 주었다. 그러나 기하급수적으로 늘어나는 산직자들에게 계속 녹봉과 과전을 줄 수 없어 조선에 와서는 유급 산직이 모두 무급 산직으로 바뀌었다.

실직에는 녹봉을 받는 녹관(祿官)과 녹봉을 받지 못하는 무록관(無祿官)이 있었다. 국가에서는 녹관 수를 줄이는 대신 무록관을 설치했다. 무록관은 정3품 당하관 이하의 동반(東班) 경관직(京官職)에만 설치되었다. 무록관이 설치된 관서(官署)들은 정치적으로 덜 중요한 기관이었으나, 그렇다고 비양반 신분에게 내어주기에는 아까운 관직이었다. 비록 녹봉은 못 받지만 실직에 속하고 근무 일수도 계산해주었기 때문이다. 또한 무록관으로 360일만 근무하면 다른 관직으로 갈 수 있었다. 무록관을 둔 것은 녹봉을 절약하기 위한 것이었지만, 녹봉을 주지 않아도 봉직을 원하는 사람이 많았다. 그 정도로 조선의 양반 관료 체제에서 관직이 갖는 권위가 높았던 것이었다.

겸관(兼官: 자기가 맡고 있는 관직 이외에 다른 관직을 겸하여 관장함)과 제조(提調: 중앙에서 각 사나 청의 우두머리가 아니면서 각 관아의 일을 다스리던 벼슬) 제도 역시 녹관 수를 줄이면서도 중앙에 권력을 효과적으로 운영하기 위한 방편으로 마련되었다.

양반 관료 체제의 교육 제도와 과거 제도

중앙집권적 문치주의 국가에서는 모든 권한이 국왕에게 집중되었다. 그러나 국왕 혼자서 국가를 운영하기에는 한계가 있었다. 따라서 신료들에게 권한을 위임할 수밖에 없었고, 우수한 관료를 양성해 국가 관료로 임용할 필요가 있었다. 조선의 교육 제도와 과거 제도는 이러한 배경으로 발전했다.

조선 건국 초기에는 1군현 1향교의 원칙을 정하고, 향교 설치와 유교 교육 장려를 의무화했다. 향교는 대체로 불교 사찰을 헐고 짓는 경우가 많았기 때문에 유교를 장려하고 불교를 누르는 일석이조 효과를 거두었다.

조선의 교육 기관은 관립 학교인 관학(官學)과 사립 학교인 사학(私學)이 있었다. 고려 시대에는 귀족 사회라 사학이 성했지만, 조선 시대에는 사대부 사회라 관학이 중심이었다. 국가는 국비를 들여 관료 후보자를 양성하고, 과거로 국가 관료를 뽑아 썼다. 사립 학교인 사학은 어디까지나 보조적인 교육 기관이었다. 그러나 관학만으로는 부족함이 있어 태종 때 권근(權近)이 권학사목(勸學事目)을 만들어 사립 학교를 장려했다.

관학에는 성균관·4부 학당·향교·잡학이 있었다. 성균관과 학당의 유생(儒生)은 양반 자제였지만, 향교 교생(校生)과 잡학 생도는 중인이나 양인 자제로 충원되었다. 고려 공양왕 때 이색(李穡)은 관학을 일으키기 위해 관학생이 아니면 과거에 응시하지 못하게 했다. 그러나 양반 자제는 시설이 나쁘고 훌륭한 스승이 없는 향교에 가려고 하지 않아 교생은 비양반 자제로 채워졌다. 교생이 되면 군역이 면제되고, 의관·역관 등 중인 관직으로 진출할 수 있었다. 그러자 많은 사람이 교생이 되려고 하는 바람에 시험을 쳐서 불합격자에게는 군역을 지게 했다. 양반 자제는 학적을 유지하기 위해 수업을 받지 않고 따로 '청금록(靑衿錄)'이라는 양반 학적부에 이름을 올렸다. 학적이 없으면 과거를 볼 수 없었기 때문이다.

양반 자제는 향교보다 사학을 선호했다. 사학에는 집안 학생을 모아 가르치는 가숙(家塾)과 양반 자제를 모아 가르치는 서재(書齋)와 서당(書堂)이 있었다. 특히 서당은 전국적으로 널리 퍼졌는데, 초학자를 가르치는 향촌서당(鄕村書堂)에서부터 학자를 양성하는 고제서당(高弟書堂)까지 있었다.

학당에는 서울에 사는 양반 자제들이 입학했으며, 이들은 향교생과 마찬가지로 학당에서 생원과 진사시를 준비했다. 이들은 승보시(陞補試)를 거쳐 성균관 기재(寄齋)에 들어가 공부할 수도 있었다. 교과서로는 『소학』·『가례』·사서오경·역사서·문학서가 있었다. 학교에서는 주로 경전을 교육시켰고, 시문은 열흘마다 실시하는 순제(旬製)라는 시험을 보는 것에 그쳤다.

성균관에는 상재생(上齋生)과 하재생(下齋生)이 있었는데, 상재에는 생원과 진사만 입학할 수 있었고, 하재에는 4학 승보생이나 문음자제(門蔭子弟)들이 들어갈 수 있었다. 상재생은 출석 성적인 원점(圓點) 300점을 따면 문과 초시에 응시할 자격을 얻었다. 또한 성적이 우수한 자를 천거해 하급 관리로 쓰거나 문과 회시(會試)·전시(殿試)에 직접 응시하게 했다.

이와 같이 관학은 과거를 준비하는 교육 기관이었다. 조선은 양반 사회였기 때문에 학교 제도와 과거 제도를 분리해놓았다. 사학을 통해 특권적인 과거 준비 교육을 받은 양반 자제에게 유리하게 하기 위해서였다. 처음에는 생원과 진사가 아니면 문과에 응시하지 못했으나, 차차 유학(幼學: 벼슬하지 않은 유생)도 응시할 수 있었고, 원점 300점 미만인 자에게 응시 자격을 주기도 했다.

과거는 문과·무과·잡과·생원시·진사시가 있었다. 그중 문과·무과·생원시·진사시는 양반이, 잡과는 중인이 주로 보았다. 그러나 생원시·진사시는 문과를 보기 위한 예비 시험일 뿐 본과거가 아니었다. 각 시험에는 자(子)·묘(卯)·오(午)·유(酉)년에 3년마다 보는 정규 시험인 식년시(式年試)와 국가의 경사 등 특별한 경우에 실시하는 별시(別試)가 있었다. 식년시의 경우 초시(初試)·회시(會試)·전시(殿試)의 3차 시험이 있었으며, 초시에는 성균관 유생들을 대상으로 하는 관시(館試), 지방에서 실시하는 향시(鄕試), 서울에서 실시하는 한성시(漢城試)가 있었다. 여기에 합격한 사람은 다시 예조에서 실시하는 회시에 응한다. 회시에 합격하면 문·무과의 경우 국왕이 실시하는 전시를 치른 뒤 그 결과로 등급을 정해 발표했다.

과거에 급제하면 입신양명의 길이 보장되었으나, 3년마다 실시되는 과거에서 뽑히는 인재의 수는 많지 않았다. 그러니 과거에 합격한다는 것은 하늘의 별 따기였다. 문과는 더욱 그랬다. 대신 평균 7개월에 한 번씩 실시된 별시를 통해 많은 급제자가 배출되었다. 별시가 필요 이상으로 자주 실시된 것은 양반 사대부들의 요구 때문이었다. 과거 급제는 관직을 차지하는 것뿐만 아니라 양반임을 증명하는 증명서가 되기도 했기 때문이다.

원칙적으로 양인 이상이면 누구나 과거에 응시할 수 있었다. 그러나 실제적으로 하층민은 여러 가지 장애 때문에 응시가 자유롭지 못했다. 우선 경제적으로 열악하고 교육 환경이 좋지 않았기 때문에 실력 면에서 양반과 경쟁이 되지 못했다. 또한 양반 사대부의 경쟁 상대가 될 만한 향리나 양반 서얼의 경우에는 문과·생원·진사시에 응시할 수 없도록 법으로 규정하고 있었다. 비양반 자제가 문과에 응시하려면 양반 관료 세 사람의 추천서를 받아야 했는데, 이 또한 쉬운 일은 아니었다.

한편, 과거 급제자에게는 성적에 따라 관품이나 관직을 파격적으로 올려주었다. 조선의 관직 사회는 세종 대에 도입된 근무일수제에 따라 근무일수를 채워야 높은 관직으로 올라갈 수 있었다. 그런데 근무일수를 꼬박꼬박 채워 정승까지 올라가기란 거의 불가능했다. 관직을 계속 받기도 어려울뿐더러 중간에 처벌을 받거나 고과가 낮아 승급하지 못할 수도 있었기 때문이다. 그런데 과거에 급제하면 이를 단숨에 뛰어넘을 수 있었다. 이러한 점이 고급 관료 양성에 기여했다고 볼 수 있다.

홍문관 설치

1478년(성종 9), 성종은 옛 집현전의 직제를 예문관에서 분리해 홍문관에 이양했다. 그동안 장서(藏書) 기관의 역할만 하던 홍문관에 학술·언론 기관의 기능이 더해진 것이다. 성종은 훈구 공신 세력을 견제할 수 있는 신진 정치 세력이 필요했다. 학술·언론 기관을 더한 홍문관의 설치는 성종의 이러한 욕구를 반영한 것이었다. 『경국대전』에는 홍문관을 궁중의 서적을 관리하고, 문한(文翰)을 처리하며, 국왕을 자문하는 기관으로 규정하고 있다. 이는 사실상 집현전의 부활이라 할 수 있다.

홍문관의 직제도 집현전과 흡사했다. 정1품인 영사(領事) 아래로 정2품 대제학(大提學)·종2품 제학(提學)·정3품 부제학(副提學)과 직제학(直提學)·종3품 전한(典翰)·정4품 응교(應敎)·종4품 부응교(副應敎)가 각 1명씩 있고, 정5품 교리(校理)·종5품 부교리(副校理)·정6품 수찬(修撰)·종6품 부수찬(副修撰)이 각 2명씩, 정7품 박사(博士)와 정8품 저작(著作)은 각 1명 그리고 마지막으로 정9품 정자(正字)가 2명이 있었다.

홍문관은 양사(兩司) 또는 언론양사(言論兩司)라 불리던 사헌부·사간원과 더불어 언론삼사(言論三司)라 불렸다. 언론삼사는 조선 시대의 대표적인 청요직으로, 고위 관리가 되려면 반드시 거쳐야 할 엘리트 코스였다. 홍문관은 왕의 자문에 응하는 임무 때문에 자주 왕에게 국사의 옳고 그름을 논하거나 간언하는 위치였다. 그리하여 사헌부와 사간원의 합계(合啓)에도 왕이 간언을 듣지 않으면 마지막으로 홍문관을 합해 삼사합계로 간언했다.

대간의 역할

사헌부는 백관에 대한 감찰과 탄핵, 정치에 대한 언론을 담당하고, 사간원은 국왕에 대한 간쟁과 정치 일반에 대한 언론을 담당했다. 그리고 이 두 언관(言官)의 관원을 대간(臺諫)이라 불렀다. 대간은 대관(臺官)과 간관(諫官)을 합쳐 이르는 말이다.

대간이 되려면 가문도 좋아야 했고, 20~30대에 문과에 급제해야 함은 물론 강직한 성격을 지녀야 했다. 정치의 잘못과 부정부패를 엄하고 매섭게 탄핵하려면 단단한 실력과 청렴한 성품도 필요했다. 대간은 목숨을 잃더라도 직언할 수 있어야 했다. 뇌물을 받거나 권력을 이용해 재산을 증식해서는 안 되었고, 친인척이 함께 대간에 있어도 안 되었다.

대간에게는 새 법을 만들 때와 신규 인사가 있을 때 이를 심의할 권한인 서경권(署經權)이라는 것이 있었다. 법을 만들 때 이를 심사하는 일은 입법의 타당성을 감시하는 것이고, 인사에 신원을 조회하는 일은 공정한 인사를 하게 하려는 것이었다. 대간은 50일 이내에 가부를 판정해야 했는데 이 때문에 국왕과 갈등을 겪기도 했다. 대간의 서경은 5품 이하에 대해서만 이루어졌고 부(父)·모(母)·처(妻)의 4조(四祖: 아버지·할아버지·증조할아버지·외할아버지)가 심사 범위에 속했다. 임명이 부당하면 '작불납(作不納)'이라고 써서 돌려보냈다. 대간은 국왕의 관교(官敎)만으로 임명되는 4품 이상에 대해서도 탄핵을 통해 거부권을 행사할 수 있었다. 이때도 국왕과 대립하기 마련이었다.

대간에게 탄핵받은 관료는 즉각 사표를 내고 물러나야 했다. 그다음 제3의 사찰 기관에서 조사해 대간이 옳으면 탄핵받은 사람이 물러나고, 그르면 대간이 물러났다. 조사가 이루어지는 동안 대간은 피혐(避嫌: 혐의를 피해 물러나 있음)해야 했고, 제3의 사찰 기관에서 판결을 한 후에야 집무 여부가 결정되었다.

사헌부에서는 대관과 감찰(監察)이 구분되었다. 대관에 해당되는 대사헌·집의·장령·지평은 언론을 담당하고, 감찰은 실제 감찰 업무를 담당했다. 감찰은 총 24명으로 구성되었고, 별청에 감찰방이 따로 마련되어 있었다.

감찰은 관원의 불법 행위·각종 집회·제사·조회·과거 시험장 등에서 행해지는 부정을 감찰했다. 따라서 외근이 많았으며, 아침에 출근하면 지평이 업무를 분담시켰다. 감찰이 입회해야 하는 행사는 법률로 지정되어 있었으며, 주관 관청은 수일 전에 공문을 보내 행사 사실을 사헌부에 통지했다.

감찰은 회계 부서에 주로 배치되었는데, 입회만 하는 것이 아니라 실제로 출납을 주도했다. 그러다보니 공금 횡령 사건이 일어나기도 했다. 이를 예방하기 위해 한 감찰에게 6개월간 특정 관청의 전곡 출납을 맡기는 월령감찰(月令監察) 제도를 폐지하고 매일 담당 감찰을 바꾸는 매일분대(每日分臺)를 실시했다. 그러나 이는 전문성이 떨어지고 책임 소재가 불분명해 제대로 감독되지 못하는 단점이 있었다. 지방에는 행대(行臺)를 파견했으며, 사행(使行)에도 따라갔다. 이렇게 할 일이 많다 보니 감찰은 구조 조정 대상에서 제외되었다.

조선 시대에는 사법부가 따로 없었다. 그래서 국가의 범죄는 대간이 사건화하면 의금부에서 심문하고 국왕이 참석한 중신 회의에서 형량을 정했다. 비리나 범죄를 논죄해 형량을 정하는 업무를 맡았던 점에서 대간은 현대의 검찰과 비슷한 역할을 했다고도 볼 수 있다.

대간은 국가의 이념 지향점을 중시하고 이에 반하는 정책이나 조치에 반대했다. 유교 국가의 틀을 세우고 왕권을 보호하며 양반 관료의 이익을 보장하는 언론을 폈다. 즉 불교나 도교 같은 이단을 배척하고, 잘못된 정책을 비판하는 양반 관료 정치의 수호자였다. 관료의 실정법 위반 사실뿐 아니라 도덕적 결함도 비판했다. 아울러 왕권의 전제화와 특정 관료의 독재화도 억제했다.

향촌 자치제의 발달

조선 건국의 주도 세력은 지방에 근거지를 둔 신진 사대부들이었다. 이들은 고려 말의 권문 세족을 대신해 새 왕조의 주역으로 등장했다. 조선왕조의 성립과 함께 중앙집권화 정책이 강력하게 추진되었다. 그런데 조선왕조 중앙집권화의 최대 걸림돌은 지역 사회의 실력자인 향리였다. 향리는 삼국 시대 이래 조선 건국 때까지 지역 사회의 실질적인 지배자로서 군림해왔다. 고려 시대 중앙 관료의 공급원도 향리였다.

그러나 향리의 지위는 고려 시대 이래 계속 추락하고 있었다. 고려의 중앙집권화가 추진되면서 국가는 지역 사회를 직접 지배했고, 향리의 역할은 축소되었다. 이 같은 추세는 조선이 건국되자 향리의 몰락으로 이어졌다. 조선 건국의 주도 세력은 관료와 향리를 차별하고 아울러 향리의 지역 사회 지배력을 뿌리 뽑으려 했다. 이에 따라 양반 관료가 국가와 지역 사회의 지배층으로 자리 잡고, 향리는 양반을 보조하는 중인층으로 격하되었다.

조선 초의 향촌 사회는 국가의 공적인 지배 기구와 사적인 지배 기구에 의해 통치되었다. 행정 조직인 군현제를 통한 지배가 공적이었다면, 중앙 관료와 재지 사족의 자치 조직에 의한 지배는 사적이었다고 할 수 있다. 조선 초 국가에서는 향리를 억압하기 위해 지방 사족을 적극적으로 후원했다.

특정 지역에 연고를 가진 중앙 관료들은 경재소(京在所)라는 조직을 통해 지역 사회의 연고권을 유지했다. 중앙 관료들은 서울의 경재소와 함께 자신들의 연고권이 있는 지역 사회에 유향소(留鄕所)라는 파견소를 설치해 지방 사족 세력을 포섭했다. 경재소와 유향소를 매개로 중앙과 지방 사족은 서로 단결해 향리를 억압했다. 이로써 서울의 관료들은 자신의 연고지에 대한 경제·사회적 지배력을 유지했고, 지방 사족은 향리를 대신해 지역 사회를 주도할 수 있었다. 국가의 입장에서는 중앙집권에 걸림돌이 되는 향리들을 억압하고 건국 주체 세력인 사족의 결집을 이끌어내는 효과가 있었다.

그러나 향리 세력이 몰락하면서 중앙 관료와 지방 사족의 결속력은 약화되었다. 중앙 관료들이 훈구화되면서 대대로 서울에 거주해 연고지에 대한 지배력이 자연스럽게 쇠퇴되었으며, 지방 사족도 서울 양반의 간섭과 통제에서 벗어나고자 했다. 결국 중앙 관료와 지방 사족은 서로 갈등하기 시작했는데, 이는 지방 사족이 훈구화된 중앙 세력을 비판하면서 더욱 심화되었다. 이는 동시에 지역 사회의 지배권을 누가 잡을 것이냐 하는 세력 다툼의 양상으로 번졌다.

지방 사족이 서울 양반의 간섭에서 벗어나고자 하면서 향촌 자치 조직이 발달하기 시작했다. 사족들은 기존의 유향소에 대응해 사마소(司馬所)라는 지역 조직을 따로 만들거나 향약·유향소 등의 자치 조직을 강화했다. 이러한 경향은 성종 대를 지나 연산군 대에 이를 때까지 계속되었다. 『연산군일기』에 실린 다음 기록은 서울 양반과 지방 사족 사이의 갈등을 보여준다.

유자광이 아뢰길 "남원과 함양은 모두 신의 본관이므로 신이 친히 보았습니다. 생원과 진사들이 별도로 한 장소를 만들어서 사마소라 이름하고, 사사로이 서로 모여 여럿이 술을 마시면서 빗나간 의논을 하고, 서민이나 서리가 조금만 마음에 맞지 아니하면, 문득 매질을 합니다. 유향(留鄕)의 품관들이 거의 늙고 열등하기 때문에 온 고을 인리(人吏)들이 유향소를 멸시하고 도리어 사마소에 아부해 그 폐단이 적지 않은데, 수령된 자들이 비단 능히

금단하지 못할 뿐 아니라 도리어 노비를 지급하며 식리(殖利)하는 곡식과 물화(物貨)를 맡기니, 국가에서 설립한 유향소 이외에 또 이 무리가 사사로이 세운 한 장소가 있는 것은 매우 불가하옵니다"

『연산군일기』 31권, 연산군 4년 8월 10일

사족들은 향약을 비롯해 향음주례(鄕飮酒禮)·향사례(鄕射禮) 등으로 지역 사회의 지배력을 강화해갔다. 향음주례는 지역 주민이 모여 술을 마시면서 유교 신분 질서와 가치관을 습득하는 모임이었다. 향사례는 일종의 활쏘기 모임으로 이것 또한 유교 예속과 가치관을 교육하는 활동이었다. 결국 향음주례나 향사례는 지역 사회에 유교 예제와 유교 신분 질서를 견고하게 하려는 활동이라고 할 수 있다. 지역 사회의 유교화는 사족들의 지배력을 확고히 하는 방편으로 이용되었다.

지역 사회의 주도권을 지역 사림이 주도하면서 새로운 신진 세력이 중앙 정계에 진출하기 시작했다. 이들이 중소 지주층 출신의 사림이다. 중앙에 진출한 사림은 전국에 걸쳐 막대한 농장과 노비를 소유한 서울의 훈구 세력을 비판했다. 사림은 훈구 세력보다 도덕적으로 우위를 과시했다. 중소 지주층 출신이면서 중앙 정계에 갓 들어온 이들이 훈구 세력을 도덕적으로 매도하기는 어렵지 않았다. 게다가 훈구 세력을 억제하려는 세조나 성종 등이 후원하면서 사림의 발언권은 커졌다.

향촌 사회를 장악한 사족은 중앙 정계에서 패배하더라도 재기할 수 있었다. 중앙의 정치판에서 몰락한 사족은 자신의 연고지로 돌아와 훗날을 기약했다. 향촌으로 돌아온 사족은 향약·향음주례·향사례 등을 통해 지역 사회의 지배력을 강화하는 한편 유학 공부에 전념함으로써 자신의 실력을 향상시키고 제자들을 양성했다. 이 모든 활동은 재기의 발판이 되었다. 중앙의 정세가 변하거나 왕에게 새로운 정치 세력이 필요할 때, 그 대안은 지역 사림이 유일했다.

전국에 걸친 지역 사림의 존재는 고려 시대보다 지배층이 그만큼 확대되었음을 의미했다. 아울러 지방 사족이 중앙의 훈구 세력을 대신해 사림의 시대를 열어갈 수 있는 기반이 되었다.

권신 한명회의 퇴장

성종을 왕위에 올리는 데 막대한 영향력을 행사했던 권신 한명회. 성종의 장인이기도 했던 그의 권력은 딸 공혜왕후가 죽고 정희왕후의 수렴청정이 끝나면서 조금씩 흔들리기 시작했다. 그동안 그의 권세 때문에 눈치만 보던 사람들이 하나둘 그를 탄핵했다. 정희왕후가 수렴청정을 거두려고 할 때 한명회는 이를 홀로 반대했는데, 이는 성종을 왕으로 인정하지 않은 것이니 죄를 물어야 한다는 것이 탄핵의 주요 내용이었다. 이 밖에도 그가 뇌물을 받았다는 내용의 「상소」도 심심찮게 올라왔다. 그렇다고 이 정도에 쉽게 무너질 한명회는 아니었다.

그러다 한명회가 몰락하게 된 결정적 사건이 발생했다. 1482년(성종 13), 조선을 방문한 중국 사신이 한명회의 개인 정자인 압구정에서 놀기를 청했다. 이에 성종은 압구정이 좁다면서 허락하지 않았다. 그런데도 중국 사신은 이 말을 듣지 않자 한명회도 압구정에 칠 장막을 내어달라고 왕실에 요구했다. 그러자 성종은 다음과 같이 말했다.

> 이미 잔치를 차리지 않기로 했는데, 또 무엇 때문에 처마에 잇대는가? 지금 큰 가뭄을 당했으므로 뜻대로 유관(遊觀: 두루 돌아다니며 구경함)할 수 없거니와, 내 생각으로는 이 정자는 헐어 없애야 마땅하다. 중국 사신이 중국에 가서 이 정자의 풍경이 아름답다는 것을 말하면, 뒤에 우리나라에 사신으로 오는 사람이 다 유관하려 할 것이니 이는 폐단을 여는 것이다. 또 강가에 정자를 꾸며서 유관하는 곳으로 삼은 자가 많다 하는데, 나는 아름다운 일로 여기지 않는다. 내일 제천정에 주봉배(晝捧杯: 낮참에 대접하는 술)를 차리고 압구정에 장막을 치지 말도록 하라.
>
> 『성종실록』130권, 성종 12년 6월 25일

그러자 마음이 상한 한명회는 부인이 아프다는 핑계로 제천정에서 열리는 잔치에는 나가지 못하겠다고 했다. 이러한 말과 행동은 성종의 노여움을 샀다.

때를 놓치지 않고 한명회의 무례함을 벌주어야 한다는「상소」와 탄핵이 빗발쳤다. 그제야 사태의 심각성을 깨달은 한명회는 뒤늦게 이 일에 대해 변명하려 했지만, 성종은 한명회의 이야기를 들으려 하지 않았다. 다행히 파면은 면했으나 조정에서 그의 영향력은 급격히 줄어들었다.

그래도 한명회의 말년은 평탄하게 마무리되었다. 그는 자신의 시대가 끝났음을 겸허히 받아들이고 조용히 지냈다. 사재로 성균관에 서적과 장서각을 기증하는 등 자신에 대한 부정적인 이미지를 털어내기 위해 신경을 쓰기도 했다.

1484년(성종 15)에 성종으로부터 궤장(几杖)을 하사받은 한명회는 1487년(성종 18)에 73세의 나이로 숨을 거두었다. 이로써 한 시대를 풍미하던 권신 한명회도 역사의 뒤안길로 퇴장하게 되었다.

사림의 성장

성종 대에 들어 중앙 정계에는 이른바 사림파(士林派)라는 일군의 정치 세력이 형성되었다. 이들은 정몽주·길재로 이어지는, 조선 성리학의 정통을 계승했다고 자부하는 김종직을 중심으로 한 일군의 세력이었다. 대체로 영남과 기호 지방 출신 사림들로 구성되었으며, 도학과 의리를 기치로 내걸고 있었다.

이들은 자신들의 연원을 정몽주와 길재에 두고 있었다. 고려에 대한 충절을 지키기 위해 목숨을 버린 정몽주의 절의는 이들이 존경해 마지않는 가치였다. 길재도 고려에 대한 충절을 지키기 위해 경상도 선산으로 낙향한 사람이다. 경상도에 낙향한 길재는 지역 사회에서 후진을 양성했고, 그 문하에서 김숙자(金叔滋)·김종직 부자가 나왔다.

조선 건국 이후 고려에 대한 의리를 강조하던 사림은 중앙 정계 진출을 포기하고 있었으며, 불사이군을 내세워 스스로 벼슬하지 않았다. 당시 중앙 정계의 주도권은 개국 공신을 비롯한 집권 사대부들이 장악하고 있었다. 그러나 세조 대에 이르러 사림이 중앙 정계에 진출하기 시작했다. 세조는 건국 과정에서 양성된 강성한 신료 세력을 제거하고 왕위에 오른 사람이었다. 그러나 쿠데타에 의한 세조의 집권은 개국 공신을 대체한 새로운 공신 세력을 만들었다. 세조 대에만 다섯 차례의 공신 책봉이 있었다. 세조는 점차 공신 세력에 둘러싸였고 위기 의식을 느꼈다. 커져만 가는 공신 세력의 영향력에 부담을 느낀 것이다.

세조는 부왕 세종이 집현전을 통해 자신의 수족을 양성하고 이들을 이용해 찬란한 문화를 꽃피우는 것을 목격했다. 그러나 세조 즉위 후 집현전 학자들은 세조에게 등을 돌렸다. 사육신과 같은 역모가 일어난 것이다. 이에 세조는 아예 집현전을 없애버렸다. 그렇지만 막상 집현전을 없애고 나니 자신을 지지해줄 젊은 인재를 수급하는 것이 더욱 절실해졌다. 강성해진 공신 세력을 견제하기 위해서도 그랬다. 결국 세조는 공신 세력과 관계없는 시골 출신의 젊은 인재들을 발굴해 중앙으로 불러들이기 시작했다. 성종 대에 사림파의 영수로 추앙받던 김종직을 비롯한 사림 세력은 이렇게 세조에 의해 중앙 정계에 처음 등장했다. 세조 대에 훈신 세력과 함께 사림파가 움트기 시작한 것이다.

중앙에 진출한 사림은 우선 훈신들의 부정부패를 공격했다. 아울러 자신들의 도학과 의리를 기치로 국가와 사회에 새로운 가풍을 불어넣기 시작했다. 세조의 뒤를 이어 왕위에 오른 예종과 성종도 강성한 공신들을 견제하고자 사림을 비호했다. 국왕의 비호 속에서 세력을 확장하던 사림은 성종 대에 이르러 실제적인 정치 세력인 사림파로 성장했다.

사림파의 발언권이 강해지면서 연산군 대 이후 공신들과 일대 혈전이 벌어지게 되었다. 이것이 이른바 사화다. 그러나 사화를 겪으면서도 사림파의 세력은 수그러들지 않았다. 오히려 무서운 기세로 세력을 팽창시켜나갔고, 결국 선조 대에 이르러서는 정국의 주도권을 장악했다.

김종직과 그의 제자들

김종직은 1431년(세종 13)에 경남 밀양에서 김숙자의 막내 아들로 태어났다. 밀양은 외가가 있던 곳이고, 본가는 선산이다. 자는 계온(季溫)·효관(孝盥), 호는 점필재(佔畢齋), 시호는 문충(文忠)이다. 아버지 김숙자는 길재에게서 수학했고, 김종직은 아버지에게 배웠다. 어렸을 때부터 기억력과 문장이 뛰어나 글 잘하기로 소문이 자자했다고 한다.

29세가 되던 1459년(세조 5)에 문과에 급제했다. 이후 김종직은 1492년(성종 23)에 62세의 나이로 세상을 떠날 때까지 수많은 문인을 길러냈다. 특히 성종이 즉위하고부터 본격적으로 제자들을 키우기 시작했다. 그가 키운 제자와 그를 추종하던 사람이 사림파의 핵심 인물이 되었다.

김종직의 제자 중에는 경상도 출신의 재지 사족이 많았다. 그렇다고 김종직과 그의 제자 모두를 재지 사족으로 단정할 수는 없다. 김종직과 관련된 사림파 중에는 기호 지역의 유력한 가문 출신도 적지 않았기 때문이다.

흔히 김종직의 3대 제자로 김굉필(金宏弼)·정여창(鄭汝昌)·

김일손(金馹孫)을 꼽는다. 김굉필은 서울에서 출생해 경상도의 현풍·야로·성주 지역을 왕래했다. 김굉필의 할아버지는 개국 공신인 조반(趙胖)의 사위였고, 집안은 대대로 명문 사족과 혼인했다. 그래서 서울에 조상으로부터 물려받은 저택을 비롯해 근거지가 있었다. 정여창은 조선의 제2대 왕인 정종의 손주 사위였다. 정여창은 경남 함양에 살았지만 왕실의 사위가 되어 많은 재산을 축적할 수 있었다. 그리하여 김굉필의 제자 중에는 조광조(趙光祖)를 비롯해 기호 지역의 인사가 다수 있었으며, 정여창의 제자 중에도 기호 사람이 많았다. 김일손은 본관이 김해고 본가는 청도에 있었다. 그러나 김일손의 재산인 토지와 노비는 청도가 아닌 김해·용인·목천·서울에 흩어져 있었다. 이 밖에 김종직의 제자 중 남효온은 건국 3공신인 남재(南在)의 후손으로 대표적인 서울의 명문가 출신이었다. 이처럼 김종직을 중심으로 한 사림파는 중소 지주층과 훈신의 후손 그리고 영남과 기호 출신이 뒤섞여 있었다.

훗날 사림이 중앙 정계의 주도권을 잡자, 그들은 자신들의 계통을 김종직과 연결시켰다. 그 결과 사림은 조선 전기의 도학 학통을 정몽주—길재—김종직—김굉필—조광조—이언적(李彦迪)—이황(李滉)으로 정리했다. 이른바 조선도학계보(朝鮮道學系譜)다.

김종직의 문인인 김일손을 위시한 사림파는 연산군 대에

일어난 무오사화 때 심한 화를 당했다. 이때 사화의 빌미가 된 것은 김종직이 지은 '조의제문'이었다. 이 글은 의제를 죽인 항우(項羽)의 중국 고사를 인용해 세조의 왕위 찬탈을 비난한 것이었다. 무오사화 당시 이미 고인이었던 김종직은 부관참시되었고, 그의 글은 압수되어 소각되었다.

성종의 불교 정책

조선의 불교는 세조 대에 이르러 다시 일어설 것처럼 보였다. 원각사 창건, 간경도감 설치 등과 같은 불교 정책은 위축되었던 불교계를 다시 부활시켰다. 그러나 세조의 불교 정책은 유교 명분이 약한 군주가 자신의 정당성을 불교에서 찾으려는 의도로 시행되었기 때문에 한계가 있었다. 이러한 정책은 조정의 신하들로부터 큰 호응을 얻지 못했다. 오직 왕과 왕비를 비롯한 왕실만이 불교 정책을 옹호하고 추진했다. 이런 상황이다보니 유교적인 소양을 갖춘 사람이 왕이 된다면 세조가 추진하던 불교 정책은 언제든지 철회될 수 있었다. 이렇게 되면 부활의 조짐을 보이던 조선의 불교계도 이전 상태로 돌아가거나 더 위축되어버릴 것이 뻔했다.

성종이 어린 나이에 왕위에 오르자 불교의 융성은 더 이상 기약할 수 없는 일이 되었다. 물론 세조의 비인 정희왕후가 수렴청정하던 성종 재위 초반기까지는 상황이 그리 나쁘지는 않았으며, 세조 대에 추진되었던 불교 정책도 그대로 유지되었다. 그러나 이것은 어디까지나 정희왕후 덕분이었다. 세조가 시행했던 불교 정책을 바꾸지 않은 것은 정희왕후가 죽은 남편의 유지를 받드는 일이기도 했지만 그녀가 원하는 일이기도 했다.

그러나 1476년(성종 7)에 정희왕후의 수렴청정이 끝나고 성종의 친정이 시작되면서 상황은 반전했다. 성종은 조선의 유교 통치 체제를 완성했다고 평가받을 만큼 유교 가치를 숭상하는 왕이었다. 그런 그가 유교적인 입장에서 이단시되던 불교를 곱게 볼 리가 없었다. 유교에 충실했던 신하들도 불교를 배척했다. 결국 세조 대에 추진되었던 여러 불교 정책은 철회되었고, 불교계는 다시 내리막길을 걸어야 했다.

특히 성종은 국가가 사찰에 내려준 토지인 사사전(寺社田)을 혁파함으로써 불교계에 큰 타격을 안겼다. 세종 대에는 사사전을 받는 사찰의 수를 36개로 지정한 바 있었다. 그러나 세조 대에 와서는 원각사를 비롯한 몇몇 사찰이 토지를 더 받아 세종 대보다 수가 늘어났다. 성종 대에 이르자 토지를 받는 사찰의 수가 대략 50개에 달했다. 이에 신하들은 「상소」를 올려 사찰에 지급한 토지를 회수할 것을 주장했고, 성종도 이를 받아들였다.

사사전의 회수와 함께 승려에 대한 단속도 더욱 엄해졌다. 특히 세조 대를 거치면서 문란해진 도첩제(度牒制)를 철저히 시행했다. 도첩이 없는 승려는 역을 피해 도망한 사람으로 간주해 환속시켰으며, 이러한 시책을 전국적으로 펼쳤다. 물론 이 제도는 태조 대부터 시행되던 것이지만, 이때에 더욱 엄격히 적용한 것이다. 또한 도첩을 주는 규정도 새롭게 마련해 문란해진 탁승제를 재정비했다. 이를 통해 국가는 역(役) 동원에 필요한 인원을 확보하는 한편, 불교에 대한 견제도 겸할 수 있었다.

그러나 불교에 대한 정책이 바뀌었다고 해도 성종 대에 불교가 갑작스럽게 사라지지는 않았다. 왜냐하면 성종의 뒤에는 불교에 호의적인 정희왕후가 있었기 때문이다. 정희왕후를 비롯한 일부 왕실 사람은 여전히 불교적인 생활에 젖어 있었다. 그래서 불교계는 그나마 명맥을 유지할 수 있었다.

성종 대의 야인 정벌

성종은 국경 지대를 위협하던 야인(野人)을 수차례 정벌하는 등 국방에도 힘썼다.

1479년(성종 10), 명나라가 건주위(建州衛: 명나라에서 두만강과 압록강 일대의 여진족을 누르기 위해 설치한 곳)의 야인을 치려고 할 때 조선에 협공해 달라고 요구했다. 이에 성종은 어유소 (魚有沼)에게 명나라의 야인 정벌을 돕도록 명했다. 그런데 어유소는 만포진까지 갔다가 압록강의 얼음이 녹아 강을 건너기 어렵다는 핑계로 그냥 돌아왔다. 그러자 어유소에 대한 탄핵이 잇달았다. 군사를 약속한 기일 안에 당도시키지 못한 죄를 다스려야 한다는 것이었다. 그러나 우선은 명나라와의 약속을 지키는 것이 중요했다. 성종은 이 일에 대한 의견을 물었다. 그러자 다시 날랜 군사를 뽑아서 빨리 보내야 한다는 쪽과 길은 험하고 눈이 많이 쌓였으니 군사를 다시 일으킬 수 없다는 쪽으로 의견이 갈렸다.

성종이 마음을 정하지 못하고 고민하자, 한명회 등은 명나라와의 신의를 지켜야 한다며 거듭 군사를 보낼 것을 청했다. 결국 성종은 우의정 윤필상(尹弼商)과 부원수 김교(金嶠)에게 명하여 군사 4,000명을 거느리고 가서 야인을 정벌하게 했다. 윤필상은 1477년(성종 8)에 좌찬성으로 명나라에 다녀오는 도중에 건주위 야인들의 정세를 자세히 탐지해 보고한 전력이 있었다. 이후 야인과의 싸움에서 크게 이기니, 협공을 요구했던 명나라 황제는 칙서를 보내 윤필상과 김교 등에게 상을 내렸다.

1491년(성종 22)에는 야인이 영안도(永安道: 함경도를 말함, 1416년 태종이 함길도라 칭했고, 1470년 성종이 영안도로 고쳤다가

1509년 중종이 함경도로 고쳤다)에 쳐들어왔다. 처음에 영안절도사인 윤말손(尹末孫)에게 방비를 맡겼으나 그가 군사 통솔을 잘못해 야인들이 군사와 백성을 죽이고 사로잡아 갔다. 또한 경흥부사 나사종(羅嗣宗)이 살해당하는 일까지 발생했다. 이에 성종은 문무를 겸비한 탁월한 인재로 사태를 진압하고자 윤말손을 대신해 좌참찬 성준(成俊)을 보냈다. 성준이 군사를 잘 통솔해 변방을 안정시키니 야인과 백성이 모두 순종했다.

사태가 어느 정도 진정되자 성준은 야인 정벌을 청하는 글을 올렸다. 성종은 이에 허종(許琮)을 도원수로, 성준을 부원수로 삼아 야인을 정벌하게 했다. 명을 받은 허종은 이계동(李季소)과 함께 보병과 기병 2만 명을 동원해 두만강을 건너 적의 소굴에 이르렀다. 그러나 야인 족장 이마거(尼麻車)는 이미 낌새를 채고 도망을 쳤다. 허종은 그들의 천막을 불태워버리고 남녀 각각 한 명을 베어 죽였다.

이때 산으로 도망치던 이마거가 허종의 군사들을 보니 그 수가 많아 끝이 보이지 않았다. 그는 두려워하며 말하기를 "저것이 모두 다 사람인가? 어찌 이렇게도 많은가"라고 했다. 이러한 소식이 건주(建州)의 삼위(三衛)에 전해지자 모두 두려워했다. 결국 허종은 한 번의 교전도 하지 않고 야인을 물리칠 수 있었다. 이 말을 전해 들은 성종은 도승지 정경조(鄭敬祖)를 보내 술을 내려주고 이들의 노고를 치하했다. 또한 야인 정벌에 대한 공로를 인정해 성준을 영안도 관찰사에 임명했다. 그 뒤로 야인들이 함부로 영안도 지역을 침범하지 못했다.

불행의 씨앗을 남긴 성종

성종은 학문이 깊고 매우 안정적으로 정국을 이끌어나간 성군이었다. 그러나 한편으로는 주연(酒筵)과 여색을 즐겨 다음과 같은 비난을 사기도 했다.

> 종실들을 대하면 반드시 작은 술잔치를 베풀어 기생과 음악이 따르게 했으니, 이것은 태평 시대의 좋은 일이지만 논하는 이는 혹 말하기를 "연산군이 연락에 즐겨 빠진 것은 성종 때부터 귀와 눈에 배었으므로 그렇게 된 것이라" 하니 애석한 일이다.
>
> 『연려실기술』 6권, 성종조 고사본말

무엇보다 사사로이 원자의 생모를 폐출시켜 연산군 대의 불행을 야기한 것은 아쉬운 점이다.

성종은 문화를 일으키고, 국방과 외교에도 힘을 기울였다. 평안도와 영안도(지금의 함경도) 지역을 자주 침입하던 야인을 정벌하고, 남방의 왜인에 대해서는 삼포를 중심으로 무역을 증진시켜 내치 외교에 큰 업적을 이루었다.

이처럼 여러 업적을 남기며 조선왕조의 통치 체제를 확립한 성종은 1494년(성종 25)에 38세의 나이로 세상을 떠났다. 묘지문에 있는 다음과 같은 글귀는 성종이 어진 임금으로 평가받았음을 보여준다.

재앙을 만나 기도해 물리치기를 주청하면 이르시기를 "재변을 사라지게 하는 것은 덕을 닦는 데 달려 있다"고 하시고, 풍년이 들어 부세(賦稅)를 더하기를 주청하면 이르시기를 "백성이 풍족하면 임금이 누구와 함께 부족하겠는가?"라고 하시며, 진선(進膳)을 물리치면서 이르시기를 "위를 받드는 예(禮)가 비록 부지런하다 하더라도 아랫사람을 불쌍히 여기는 뜻이 또한 간절하다"고 하시고, 예연(禮宴)을 정지하도록 하시면서 이르시기를 "흉년이 들어 백성이 굶주리는데 홀로 즐기는 것이 가하겠는가?"라고 하셨으니, 위대하도다. 왕의 말씀이여! 참으로 천지 부모와 같은 마음이로다. 하늘이 돕지 아니하여 갑자기 세상을 버리시는 데 이르니, 애통하도다.

『성종실록』 부록, 묘지문

시호는 강정(康靖)이고, 능은 서울 강남구 삼성동에 위치한 선릉(宣陵)이다.

제10대 연산군, 조선 최초의 폐주가 되다

왕위에 오른 폐비 윤 씨의 아들

1494년(성종 25) 12월 29일, 성종에 이어 제10대 왕 연산군이 왕위에 올랐다. 당시 연산군의 나이는 19세로 성년에 접어든 때였다. 연산군이 왕위에 오를 당시 왕실에는 대비만 두 명이 있었다. 바로 연산군의 할머니인 인수대비와 성종의 비인 정현왕후였다. 그러나 연산군은 이들의 섭정 없이 바로 친정을 시작했다.

연산군은 1476년(성종 7)에 성종과 윤기무의 딸 폐비 윤 씨 사이에서 태어났다. 이름은 융(隆). 성종의 첫째 아들로

1483년(성종 14)에 8세의 나이로 세자에 책봉되었다.

성종은 원자의 모후를 폐위하는 것에 대한 우려와 반대의 목소리에도 불구하고 둘째 왕비였던 윤 씨를 폐위시켰다. 그리고 어린 원자에게 자신의 어머니가 폐위되고 사사까지 되었다는 사실을 알리지 못하도록 함구령을 내렸다. 그래서 세자 융은 성인이 되어 왕위에 오를 때까지 생모의 죽음에 관한 진실을 알지 못했다.

세자 융은 성종의 셋째 왕비인 정현왕후 밑에서 자랐다. 그러나 세자 융과 정현왕후 사이에 특별한 정은 없었다. 성종 역시 제왕으로서의 자질이 부족한 세자를 미덥지 않게 생각했다. 그의 어미를 쫓아낸 장본인인 할머니 인수대비 역시 마음의 짐 때문인지 손자인 연산군에게 살갑게 대하지 않았다. 이래저래 연산군은 외로운 유년 시절을 보내야 했다.

세자 시절 연산군은 허침(許琛)·조지서(趙之瑞)·서거정 등에게서 학문을 배웠다. 그러나 연산군은 학문을 별로 좋아하지 않았다. 부왕인 성종이 이런 점을 못마땅하게 여겼음을 다음 기록을 통해 알 수 있다.

왕(연산군)이 오랫동안 스승 곁에 있었고 나이 또한 장성했는데도 문리(文理)를 통하지 못했다. 하루는 성종이 시험 삼아 서무(庶務)를 재결(裁決)시켜 보았으나 혼암해 분간하지 못하므로 성종이 꾸짖기를 "생각해보라. 네가 어떤 몸인가. 어찌 다른 왕자들과 같이 노는 데만 힘을 쓰고 학문에는 뜻이 없어 이 같이 어리석고 어두우냐"라고 했었는데, 왕이 이 때문에 부왕 뵙기를 꺼려 불러도 아프다고 핑계를 대고 가지 않은 적이 많았다.

『연산군일기』 63권, 연산군 12년 9월 2일

성종은 세자의 스승들에게 세자를 더욱 엄격하게 가르치라고 했다. 그러나 스승들의 권계(勸戒)는 연산군의 반발심만 더 가져올 뿐이었다. 특히 유난히 엄격했던 조지서는 연산군에게 미움을 사서 연산군이 왕위에 오르자마자 화를 당하기도 했다.

이런 일도 있었다. 하루는 성종이 어머니인 소혜왕후에게 술을 올리면서 세자를 불렀다. 그런데 세자는 이번에도 병을 핑계로 오지 않았다. 여러 번 재촉해도 끝내 오지 않자 성종이 나인을 보내어 살피게 했다. 세자는 나인에게 "만약 병이 없다고 아뢰면 뒷날 너를 마땅히 죽이겠다"고 했다. 나인은 두려워하며 돌아와 성종에게 세자가 병이 있다고 아뢰었다. 그러나 성종은 세자가 자신을 피하려고 꾀병을 부리는 것을 알고 마음이 언짢았지만, 더 이상 세자를 부르지 않았다.

이때부터 성종은 마음에 들지 않는 세자를 폐하고 싶어 했다. 그러나 그때까지 다른 적자(嫡子)가 없기도 했거니와, 아직 어리고 약한 세자가 의지할 곳이 없음을 불쌍히 여겨 차마 그럴 수 없었다. 결국 끝까지 세자의 자리를 지킨 연산군이 왕위에 올랐다.

> 성종이 승하하자 왕은 상중에 있으면서도 서러워하는 빛이 없으며, 후원의 순록을 쏘아 죽여 그 고기를 먹으며 놀이 즐기기를 평일과 같이 했고, 심지어 군신들을 접견하고 교명을 내리면서도 숨기고 가리며 거짓 꾸미기를 힘썼는데, 외부 사람들은 알지 못했었다. 그러나 초년에는 선조의 옛 신하들이 많이 남아 있어 아직 조정이 완전하므로 정령(政令)이 문란하지 않았는데, 무오년 주륙(誅戮)이 있은 뒤부터는 왕의 뜻이 점차 방자해져, 엄한 형벌로 아랫사람들을 억제하매, 선비의 기개가 날로 꺾이어 감히 정언(正言)을 극론(極論)하는 사람이 없으므로 왕이 더욱 꺼릴 것 없어 멋대로 방탕해졌다.
>
> 『연산군일기』 63권, 연산군 12년 9월 2일

연산군은 어렸을 때부터 집요한 성격과 거친 면이 있었는데, 이러한 면이 왕위에 오른 후 부각되면서 여러 가지 문제를 일으켰다. 이때마다 연산군의 눈 밖에 난 사람들은 어김없이 화를 입었다. 특히 연산군이 생모인 폐비 윤 씨의 죽음에 얽힌 사연을 모두 안 뒤에는 이에 연루된 인물들이 참혹한 화를 입었다. 또한 유교 통치 이념에 따라 군주의 자격을 논한 사람도 연산군에게 죽임을 당하는 등 연산군 즉위 후 조정에는 피바람이 휘몰아쳤다.

연산군은 세자 시절에 신승선(愼承善)의 딸과 결혼해 슬하에 2남 1녀를 두었으며, 1명의 후궁에게서 2남 1녀를 더 두었다. 연산군이 왕위에 오르면서 왕비에 올랐던 신 씨는 연산군의 폐위와 함께 폐비되었으며, 거창군부인으로 위호가 강등되었다.

절대 왕권을 추구한 파격 군주

연산군이 왕위에 올랐을 때는 태조 이성계가 조선을 세운지 이미 100여 년의 세월이 흐른 뒤였다. 그동안 조선은 사대부에 의해 양반 체제가 정착되었다. 명목상으로는 왕을 정점으로 하는 군주 국가였지만, 국정 운영은 오히려 양반들에 의해 좌우되었다. 조선의 양반 관료는 왕권을 견제하거나 제약하기 위해 여러 장치를 만들어 놓았다. 또한 유교 이념으로 왕을 얽어매거나 갖가지 제도를 통해 왕을 조종하려 들었다.

연산군은 이에 저항하며 명실상부한 전제 왕권을 수립하려고 했다. 그는 왕권에 장애가 되는 이념이나 제도, 정치 세력을 철저하게 없애려고 했다. 이 같은 연산군의 태도는 사대부들이 100여 년에 걸쳐 구축한 양반 관료제와 대립할 수밖에 없었다.

연산군이 대립한 것은 이뿐만이 아니었다. 특히 권력욕이 많았던 연산군의 할머니인 인수대비가 정치에 간섭하려 들면서 연산군과 대립했다. 할머니와 손자 사이인 두 사람의 대립은 유교의 효 이념과 상충하는 일이었다. 그러면서 연산군은 유교적 가치관에 반하는 모습을 여러 번 드러냈다. 인수대비를 머리로 들이받아 그 충격으로 죽음에 이르게 했으며, 인수대비가 죽은 후에는 삼년상을 치려야 하는 유교 규범을 무시하고 복상을 25일로 단축해버렸다. 유교 가치관에서 보면 이는 명백한 패륜이었다. 다음과 같은 기록을 보면 연산군은 어머니인 정현왕후의 권위 또한 부정하고 있다.

이때 (왕이) 삼년상의 기일을 짧게 줄이는 제도를 행하고자 의논하니 정현왕후 윤 씨가 예에 의거해 옳지 않다고 고집했다. 심지어 정현왕후는 "나는 감히 그대로 따를 수 없다"는 말까지 했다. 그러자 (왕이) 몹시 성내어 "부인은 남편이 죽은 뒤에는 아들을 따라야 한다"고 말했다. 정현왕후는 "내가 소현왕후께 죄를 얻을 것이 분명하구나" 하며 탄식했다.

『연려실기술』6권, 연산조 고사본말

대비 역시 왕인 자신의 의사에 따라야 한다는 것이었다. 요컨대 할머니건 어머니건 왕에게 충성해야 한다는 주장이었다. 연산군은 삼년상이라는 유교 규범도 왕권에 도움이 안 된다면 과감히 버려야 한다고 생각했다. 이에 대해 정현왕후는 유교 윤리를 내세워 연산군에게 항의했지만 소용없었다. 연산군은 한발 더 나아가 전국에 삼년상을 금하는 명령을 내렸다. 자식은 부모에게 효도해야 한다는 유교 윤리가 연산군에게는 거추장스러운 것이었다.

유교에서 가장 중시하는 효의 윤리마저 부정한 연산군에게는 거칠 것이 없었다. 그는 유교 가치관에 따라 왕의 절대권을 제약하던 양반 세력을 억압하기 시작했다. 조선의 양반 관료는 강력한 재지 기반을 바탕으로 왕권을 능가하는 발언권을 행사하고 있었다. 연산군은 이들이 왕권을 제약하기 위해 만들어낸 여러 장치를 무력화하려고 했다. 예를 들어 양반 관료에게 왕의 가마를 메게 하는 등의 하찮은 일을 시킴으로써 왕의 권력에 반한 양반에게 종속을 강조했다. 왕에게 반항하는 관료가 있으면 불충으로 몰아 처벌했다.

뿐만 아니라 양반 관료제를 떠받치던 이념과 제도도 모두 무시했다. 양반 관료의 이념적 지주인 종묘를 동물원으로 만들어버리는가 하면, 젊은 유생이 공부하는 성균관에서는 술을 마시고 잔치를 열었다. 또한 왕의 잘못을 바로잡는다는 명

분으로 왕의 일거수일투족을 간섭하던 사간원은 아예 혁파해
버렸다.

한편 연산군은 왕의 존엄성과 절대성을 과시하기 위해 수
많은 토목 공사를 추진했다. 왕궁을 넓히고 유람 시설을 증축
했으며, 왕성 주위에는 민간인이 살지 못하게 했다. 전 국토와
백성의 주인은 왕이라는 이념을 그대로 실현하고자 한 것이
다. 연산군은 궁궐을 증축하고 누각을 높이 세운 후 다음과 같
은 시를 지었다.

霧閣雲牕龍舸逈　　虹梯歌管鳳樓遙

是誰留玩勞民力　　都爲朝鮮表壽饒

안개 누각 구름 창에 용선이 아득하고

무지개 사다리에 노래와 피리 소리 봉루가 까마득하네

누가 오락하려고 백성의 힘을 괴롭힌 것이냐

모두 조선을 위하여 오래 살고 잘 사는 것을 표시함인데

이 시는 백성의 노동력을 동원해 왕의 권위를 높인 자신의
행위를 정당화하기 위해 지은 것이다. 즉 자신이 한 일은 모두
조선을 위한 것이라 말하고 있다. 그러나 이렇게 당당했던 연
산군의 말로는 비극적이었다. 절대 왕권을 실현하려던 연산
군은 결국 중종반정으로 무릎을 꿇었다. 그가 추구했던 모든

정책은 반윤리적·반도덕적으로 단정지어졌다. 연산군이 쫓겨나면서 조선은 다시 양반 관료 체제로 돌아갔다. 그리고 연산군은 이후 지속된 양반 관료 체제 속에서 천하에 둘도 없는 폭군으로 인식되었다.

그렇다면 연산군은 왜 유교 통치 이념을 거부했을까? 유교 통치 이념에서는 왕의 수신을 가장 큰 덕목 중 하나로 강조했다. 그래서 유교 이념을 중시하는 양반 관료들은 툭하면 왕의 허물을 꼬집으며 훈계하려 들었다. 그런데 어렸을 때부터 학문에 별다른 흥미를 느끼지 못했던 연산군은 높은 학식을 자랑하는 양반 관료들이 왕을 가르치려고 드는 태도에 염증을 느끼고 있었다.

이러한 연산군의 성향이 집권 초기에는 크게 문제 되지 않았다. 오히려 그는 성종이 이룩한 태평성대의 분위기를 이어가며, 성종 말기에 형성된 향락과 퇴폐의 풍조를 바로 잡고 부패한 관리들을 척결했다. 또한 민생을 돌보고 국방에도 강한 의지를 보이는 등 나름 바른 정치를 펼쳤다. 비록 자신의 학문적인 성취는 높지 않았지만 사가독서 제도를 마련하고,『국조보감(國朝寶鑑)』을 편찬하는 등 학문 장려 정책을 펼치기도 했다. 그러나 이러한 치정은 오래가지 못했다. 사사건건 그의 신경을 건드리던 사림파와 갈등한 것이 가장 큰 이유였다.

사림파의 성장 배경

성종 대부터 서서히 증폭되던 훈구파와 사림파의 충돌이 연산군 대에 표면화되었다. 특히 사림이 크게 화를 입은 두 번의 사화는 연산군 대에 일어난 최대의 정치 사건이었다.

사림파에게는 정몽주의 학통을 계승해 성리학 정통을 체득했다는 학문적인 자부심이 있었다. 또한 절의파의 후계자라는 점에서 유학자로서의 명분도 있었다. 일찍이 세종은 선비들의 학문적인 자질을 인정해 등용의 발판을 마련해주었다. 김숙자·이보흠·이맹전(李孟專)이 대표적인 인물이다.

불사이군의 세대가 그렇게 지나갔다. 이후 세조가 즉위하면서 사림파의 진출은 한동안 위축되었다. 절의를 중시한 사림은 왕위를 찬탈한 불의의 군왕을 섬길 수 없었다. 이것이 명분이자 소신이었기 때문이다. 그러면서 세조를 도와 권력을 쟁취한 한명회·신숙주 등의 공신이 훈구파를 형성했다. 계유정난에서 시작된 공신 책봉은 성종 대까지 8차례에 걸쳐 이루어졌으며 그 수도 250여 명에 이르렀다.

그런 가운데 중앙 정계에서도 세조의 집권을 못마땅하게 여기는 집단이 생겨났다. 바로 계유정난 당시 세조를 지지한 세력의 한 축이었던 집현전 학사들이었다. 이들은 세조에게 반기를 들었으나 실패했다. 세조는 철혈 군주답게 이들을 용서하지 않았고 집현전도 혁파해버렸다. 그리고 빈자리를 사림파로 메우려고 했다. 이렇게 사림파는 다시 중앙 정계에 등장하게 되었다. 역사의 아이러니가 아닐 수 없다. 세조는 훈구파와 사림파를 동시에 키우고 있었다. 두 세력 간의 대결인 사화의 싹이 이미 세조 때부터 자라고 있었던 것이다.

이후 사림파는 예종을 거쳐 성종 대에 이르러 크게 성장했다. 성종의 우문(右文) 정치는 사림파가 성장할 수 있는 최적의 토양이었다. 또한 훈구파를 견제하고자 했던 성종의 의도는 사림의 진출을 더욱 촉진시켰다. 사림은 주로 언론삼사에 진출해 조정에서 발언권을 강화했다. 직책이 높지는 않았지만 정치의 득실을 논할 수 있는 자리였기 때문에 사림파 권력의 기반이 되었다. 당시 사림파를 대표하는 인사로는 권오복(權五福)·김일손·이원(李黿)·표연말(表沿沫)·유호인(俞好仁)·이종준(李宗濬)·이주(李胄)·손중돈(孫仲暾)·유순정(柳順汀)·강경서(姜景敍) 등이 있었다. 이들은 대부분 김종직의 문인이었다.

이런 상황이 되자 이제 사림파를 단순히 시골 선비라고 치부할 수는 없게 되었다. 이들은 학문적인 자질과 발언권을 겸비한 신진 세력으로 결코 무시할 수 없는 위치를 차지했다. 훈구파는 이러한 점을 분명하게 인식했고 이제 양자의 갈등과 대립은 불가피했다. 사림파는 훈구파를 두고 "탐욕스럽고 무능한 소인배"라 비난했고, 훈구파는 사림파에게 "도도하게 구는 경박한 야심배"라고 험담했다.

이렇게 서로 견제하고 공격하는 일촉즉발의 분위기 속에서 연산군이 즉위했다. 그리고 마침내 두 세력 간의 충돌이 사화로 번지게 되었다.

무오사화

1498년(연산군 4) 7월, 『성종실록』을 편찬하기 위해 실록청이 설치되었다. 당상관에 임명된 이극돈(李克墩)은 김일손이 작성한 사초 중에 김종직이 지은 '조의제문'이 실린 것을 발견했다. 이를 본 이극돈은 쾌재를 불렀다. 이극돈은 전라감사로 재임하던 시절에 세조비 정희왕후의 상을 당했는데, 이때 국장에 쓰일 향을 바치기는커녕 기생을 끼고 놀기에 바빴다. 뇌물을 받았다는 소문도 돌았다. 그런데 모든 비리를 사관이었던 김일손이 사초에 낱낱이 기록했다. 이극돈은 이 사실을 후에 알고 김일손을 찾아가 기록을 삭제해 달라고 했다. 그러나 김일손은 청을 받아주지 않고 일언지하에 거절했다. 김일손에게 당한 수모를 언젠가 되갚아 주리라 생각하고 있던 이극돈에게 조의제문의 발견은 복수를 위한 절호의 기회였다.

조의제문은 김종직이 1457년(세조 3)에 여행 도중 여관에서 지은 글로, 항우에게 죽임을 당한 초회왕(楚懷王) 의제(義帝)를 조문하는 내용을 담고 있었다. 이것은 세조를 항우에, 단종을 의제에 비유한 것으로, 세조가 단종을 죽이고 왕위를 찬탈한 것을 은근히 비난하는 내용이었다. 당대의 왕인 연산군이 세조의 자손인데다 당시의 훈구파 역시 세조의 계유정난에 참여한 공신의 자손임을 고려할 때 조의제문의 내용은 파란을 예고하기에 충분했다. 또한 이를 사초에 수록한 김일손 역시 혐의를 피하기 어려웠다.

이극돈은 실록청 총재관 어세겸(魚世謙)에게 이 사실을 알리고 연산군에게 보고할 것을 종용했다. 그러나 어세겸이 미온적인 태도를 보이자 경로를 바꾸어 유자광을 찾아갔다. 이에 적극 동조한 유자광은 세조를 비방한 김종직을 대역죄로 다스리고 관계자를 처벌해야 한다는 「상소」를 올렸다.

유자광이 누구인가. 그는 서얼 출신으로 비록 신분이 미천했으나 처세술과 임기응변으로 한계를 극복한 인물이었다. 부윤을 지낸 유규(柳規)의 서자로 1439년(세종 21)에 태어난 유자광은 이시애의 난 때 세조에게 발탁되었다. 그리고 예종 때 남이의 옥 사건이 일어나자 그를 고발해 공신에 책봉되었다.

그렇게 훈구파의 일원으로 합류한 유자광은 김종직과는 악연이었다. 성종 때 그가 남도 지방을 유람하다가 함양에 간 적이 있었다. 이곳에서 주변 경관이 주는 감흥에 젖어 객사 현판에 자신의 시액(詩額)을 걸어두었다. 그런데 훗날 함양군수로

부임한 김종직이 유자광의 시액을 보고는 "자광이 어떤 자이기에 이런 맹랑한 짓을 한단 말인가? 당장 불태워버려라"라며 불호령을 내렸다. 이 소식을 전해 들은 유자광은 분하고 원통했지만 도리가 없었다. 사림파의 영수이자 성종의 절대적인 신임을 받던 김종직에게 대항할 수는 없었다. 속으로 분을 삭인 그는 도리어 김종직의 문인을 자처하며 교유하는 처세술을 발휘했다. 그리고 김종직이 죽었을 때는 제문을 지어 애도하기까지 했다.

그러나 유자광의 마음 한구석에는 김종직에 대한 복수의 마음이 도사리고 있었다. 이러한 상황에서 이극돈으로부터 조의제문에 관한 이야기를 들은 유자광은 마침내 기회가 왔다고 생각했다.

이렇듯 훈구파인 이극돈과 유자광의 개인적인 감정에서 시작된 조의제문 파문은 사림파를 정치적으로 일망타진하려는 계략으로 발전하게 되었다. 유자광의 「상소」는 연산군의 의중에 부합했다.

유자광이 김종직의 조의제문을 구절마다 풀이해서 아뢰기를 "이 사람이 감히 이러한 부도한 말을 했다니, 청컨대 법에 의해 죄를 다스리시옵소서. 이 문집과 판본을 다 불태워버리고 간행한 사람까지 아울러 죄를 다스리시기를 청하옵니다" 하니, 전교하기를

"어찌 이러한 마음 아픈 일이 있단 말이냐. 의의(議擬)해 아뢰도록 하라. 국가에서 종친에게 그 녹(祿)을 잃지 않게 하니, 그 은혜가 막중하거늘, 이총(李摠)은 조관(朝官)들과 결탁해서 장차 무엇을 하려는 것이냐? 만약 종친이라 해서 그 죄를 다스리지 아니한다면 여러 종친이 어찌 경계할 줄을 알겠느냐. 형장 심문을 하도록 하라" 했다.

『연산군일기』 30권, 연산군 4년 7월 15일

사실 연산군에게 두려운 존재는 훈구파가 아닌 사림파였다. 자신에게 학문을 강요하고 사사건건 간쟁을 일삼는 사림파의 태도가 항상 불만이었다. 연산군은 기회를 놓치지 않고 무자비하게 사림파를 탄압했다.

곧바로 관련자들을 심문하기 위한 국청이 설치되었고, 총책임자에 유자광이 임명되었다. 김일손은 혹독한 심문을 받았다. 그러나 그는 세조의 집권을 부당하게 생각했던 자신의 뜻을 굽히지 않았다. 더 나아가 계유정난 때 고신(告身)을 추탈당한 뒤 낙안의 관노가 되었다가 사사된 정분(鄭苯)을 정몽주에 비기는가 하면, 단종을 보필하다 격살된 황보인과 김종서의 절개를 높이 평가했다. 이는 죽음을 각오하지 않고는 할 수 없는 말이었다.

한편 훈구파는 조의제문을 빌미로 사림파 전체에 타격을

가하는 것이 목적이었다. 곧 연루자의 범위를 김종직의 문인 집단으로 확대시켰다. 이에 이목(李穆)·임희재(任熙載)·이원·표연말·홍한(洪瀚) 등이 줄줄이 국문을 당했다. 이들은 모두 평소 김종직을 칭송하고 훈구파를 공격하던 인물이었다. 결국 국문 끝에 조의제문을 쓴 김종직은 부관참시되고, 사초를 기록한 김일손은 능지처참되었다. 또한 권오복·권경유(權景裕)·이목·허반(許盤) 등은 파당을 만들어 선왕을 무고했다는 죄목으로 참형에 처했다. 이 밖에 수많은 인사가 곤장을 맞고 유배되거나 좌천되었다. 이 사건이 1498년(연산군 4)인 무오년 7월에 일어난 무오사화다.

무오사화 이후 사림파의 기세는 크게 위축되었다. 훈구파의 독단과 비리를 견제하고 청신한 정치 풍토를 추구하던 사림이 축출되자 조정은 다시 훈구파의 독무대가 되었다. 한편 사화의 발단이 되었던 이극돈은 유순(柳洵)·윤효손(尹孝孫)·어세겸(魚世謙) 등과 함께 수사관(修史官)으로서 문제의 사초를 보고하지 않았다는 이유로 파면되었다. 반면 「상소」를 올리고 국문을 주도했던 유자광은 점점 위세가 등등해졌다.

갑자사화

무오사화 이후 비판과 견제 세력이 사라진 조정은 기능을 제대로 하지 못했고, 국가 재정도 엉망이었다. 그러자 연산군은 극단적인 방법을 동원해 부족한 국고를 채우려고 했다. 우선 공물의 수량을 늘리고 공신에게 지급된 토지와 노비를 몰수하려고 계획을 세웠다. 이에 훈구파가 크게 반발했다. 이들은 기득권을 유지하기 위해 궁중의 소비를 줄이고 왕의 무절제한 생활에 제동을 걸어야만 했다.

그러나 연산군의 난정은 날이 갈수록 심해지고 있었다. 때맞춰 연산군의 난정을 부추기는 일군의 세력이 등장했는데, 바로 임사홍(任士洪)·신수근(愼守勤) 등의 궁중파(宮中派)였다. 임사홍은 예종·성종과 사돈을 맺은 외척이었지만 간교한 성격 때문에 크게 출세하지는 못했다. 그러다 연산군을 만나 드디어 기를 펴기 시작했다.

왕이 크게 기뻐해 (임사홍을) 급히 숭품(崇品)에 발탁, 아무 때나 불러보았으며, 무릇 하고 싶은 일이 있으면 묻지 않는 것이 없었는데, 사홍이 부름을 받으면 반드시 미복(微服)으로 어둠을 타 편문(便門)으로 들어갔고 왕은 항상 내 벗 활치옹(豁齒翁)이 왔다 했으니, 아마 사홍이 이가 부러져 사이가 넓었기 때문이리라.

『연산군일기』 63권, 연산군 12년 9월 2일

임사홍은 연산군이 훈구파에게 환멸을 느끼고 있을 때 그

사이를 비집고 들어왔다. 그는 연산군을 부추겨 훈구파는 물론이고 사림파까지 모두 제거하려는 계획을 세웠다. 연산군에게 생모인 폐비 윤 씨의 사사와 관련한 일을 고하고, 이와 관련된 인사들을 숙청하고자 한 것이다. 그리고 이 계획을 연산군의 처남인 신수근과 함께 도모했다. 신수근은 연산군의 부인인 신 씨의 오빠였다. 그는 임사홍과 결탁해 연산군 주변에서 권력의 부스러기를 독식하려고 했다.

폐비 윤 씨가 성종이 내린 사약을 마시고 죽은 것은 1482년 (성종 13) 8월이었다. 당시 사약을 마신 윤 씨는 죽기 직전에 피를 토하고 피 묻은 손수건을 친정어머니 신 씨에게 건네며 "원자가 목숨을 보전하거든 이것으로써 나의 원통함을 말해 주라"고 했다. 아들 연산군에게 자신의 억울함을 알리고 복수를 부탁하는 유언이었다. 임사홍은 피 묻은 손수건을 신 씨로부터 건네받아 연산군에게 전달했다. 그리고 윤 씨의 폐비와 사사 과정을 낱낱이 고했다. 연산군은 손수건을 안고 밤낮으로 울었다.

사실 폐비 윤 씨의 죽음과 관련해서는 연산군도 이미 내용을 알고 있었다. 성종은 생전에 세자가 이 사실을 알지 못하도록 함구령을 내렸었다. 그래서 연산군은 왕이 될 때까지 내막을 알지 못했다. 그러나 연산군이 왕이 되자 더 이상 비밀은 없었다. 우연히 사초를 열람한 연산군은 생모 윤 씨의 존재와 비극적인 종말의 전모를 알게 되었다. 연산군에게는 큰 충격이었지만, 당장 문제를 들춰내지는 않았다. 폐비의 사사에 가담한 인사들의 이름을 파악한 연산군은 때를 기다렸다. 그렇게 생모의 죽음과 관련한 일을 가슴 속에 묻고 10년의 세월이 지났다. 그런데 새삼 임사홍이 이 일을 들춘 것이다. 연산군은 이제 때가 왔다고 생각했다. 이번 기회에 훈구파를 혼내주고 왕의 위엄을 세워야겠다고 마음먹었다.

사실 그동안 연산군이 절대 왕권을 추구해왔다고는 하지만, 조정에는 왕을 업신여기는 풍조인 능상지풍(凌上之風)이 여전히 남아 있었다. 성종 대부터 활기를 띠기 시작한 언관의 발언권 역시 건재했다. 물론 무오사화를 통해 사림파를 대대적으로 탄압했고, 홍문관을 혁파해 언관 활동이 일시적으로 위축되기도 했다. 그러나 1504년(연산군 10)을 전후해 대간의 기능이 다시 살아나고 있었다. 그만큼 연산군의 입지도, 폭도 좁아지게 되었다.

이러한 때 예조판서 이세좌(李世佐)가 왕으로부터 받은 회사배(回賜杯)를 쏟아 연산군의 옷을 적시는 사건이 발생했다. 지존의 옷자락을 술로 적시는 일은 실로 무례한 행동이었다. 아무리 판서라도 이러한 무례를 범한 이상 죄를 면하기 어려웠다. 그러나 대신이나 대간 중 어느 누구도 이세좌를 처벌하라고 요구하지 않았다. 이세좌의 위세가 그만큼 컸기 때문이다. 이에 연산군은 분노했다. 권신의 위세에 눌려 국왕의 체모를 돌아보지 않는 풍조에 격분한 것이다.

연산군은 "예조판서 이세좌가 잔을 드린 뒤 회배를 내릴 때 내가 잔대를 잡았는데, 반이 넘게 엎질러 내 옷까지 적셨으니 국문하도록 하라"고 일렀다. 그러자 승정원에서 추국하라는 전지를 써서 올렸는데, 연산군은 그 안에 "소리가 나도록 엎질러 어의까지 적셨다"는 말을 더 써넣으라고 했다. 그리고 그날로 당장 이세좌를 무안으로 귀양 보내면서 덧붙이기를 "이세좌가 배소(配所: 귀양지)에 이르는 날짜를 자세히 아뢰라. 거느리고 가는 관원이 사정이 있어 반드시 독촉해 가지 않을 것이니, 서울을 떠나는 날짜도 함께 자세히 아뢰라. 혹시라도 지체해 늦는 일이 있으면 중한 죄로 논하리라"고 했다. 왕을 능멸한 것에 대한 준엄한 심판을 내린 것이다. 또한 이세좌의 아들들도 모두 파직시켰다.

그런데 연산군은 얼마 지나지 않아 이세좌를 사면시켜주었다. 그러면서 "이세좌는 죄를 정한 지 오래지 않으니 지금 놓아주는 것이 빠를 것 같다. 그러나 나이가 많고 학식이 있고, 또한 이미 스스로 징계했을 것이며, 은혜를 반포하는 때이므로 특별히 놓아준다"고 했다. 사면된 이세좌는 대궐 단봉문(丹鳳門)에서 사은했다. 연산군은 술잔을 내리면서 "이 술잔은 네가 전날 쏟은 것이다"라고 했다.

그러나 홍언충(洪彦忠)이 후궁 간택에 불응하는 사건이 발생하면서 상황은 다시 반전되었다. 대신이 왕명을 거역한 사건이었다. 그런데 홍언충의 아버지인 홍귀달(洪貴達)이 도리어 아들을 적극적으로 감싸고 나섰다. 이에 연산군은 지난번에 이세좌를 너무 일찍 사면시켜 이런 일이 일어난 것이라며 이세좌를 다시 귀양 보냈다.

연산군은 더 이상 참지 않았다. 결국 임사홍의 고변을 기회로 즉위 초부터 참아왔던 폐비 윤 씨 관련 사건을 터트렸다. 공교롭게도 연산군을 능멸했던 이세좌가 이 사건에도 관련돼 있었다. 사사 당시 약사발을 들고 간 사람이 바로 이세좌였던 것이다.

이세좌가 폐비 윤 씨의 약사발을 들고 갔던 날의 일이다. 저녁에 집에 돌아오니 부인 조 씨가 "조정에서 폐비를 논하더니 결과가 어찌 되었소?" 하고 물었다. 이세좌가 "오늘 이미 사약을 내렸고 내가 봉약관(奉藥官)이었다"라고 답했다. 이 말을 듣고 놀란 조 씨가 "슬프다. 우리 자손의 씨가 마르겠구나. 어머니가 죄 없이 죽임을 당했으니 아들이 어찌 다른 날 보복하지 않겠는가?" 하고 탄식했다. 이 말대로 결국 이세좌는 유배지로 가던 길에 자살하라는 명을 받고 죽었다. 또한 그의 아들들은 물론이고 동생·사촌·종손 등 여러 종친이 죽임을 당하거나 귀양을 갔다.

그리고 걷잡을 수 없는 숙청의 회오리가 몰아쳤다. 제1차 숙청 대상은 성종의 후궁이었던 소용 엄 씨와 정 씨였다. 연산군은 두 여인을 끌어내 궁정에서 가차 없이 처벌한 다음 그 자식들도 남김 없이 죽였다. 폐비의 실질적인 장본인인 소혜왕후도 무사하지는 못했다. 당시의 상황에 대한 기록을 보자.

> 임금이 성을 내어 엄 숙의와 정 숙의를 때려죽이니, 소혜왕후는 병들어 자리에 누웠다가 갑자기 일어나 바로 앉으면서 "이 사람들이 모두 부왕의 후궁인데 어찌 이럴 수 있습니까" 하니, 폐주가 자신의 머리로 몸을 들이받았다. 이에 왕후는 "흉악하구나" 하며 자리에 눕고 말하지 아니했다.
>
> 『연려실기술』6권, 연산조 고사본말

이러한 기록으로 연산군은 자기 분을 못 이겨 부왕의 후궁들과 친할머니까지 제 손으로 죽인 패륜아로 후대에 각인되었다.

제2차 숙청 대상은 훈구파 신료들이었다. 연산군은 폐비 논의에 참여했던 정승, 폐비와 사사 당시의 재상, 그리고 사사를 권한 자와 사사를 집행한 자를 빠짐 없이 색출해내라고 명했다. 임사홍은 배후에서 연산군의 분노를 교묘하게 이용하며 훈구파와 사림파를 몰아내려는 자신의 의도를 관철시켜

나갔다.

결국 윤필상(尹弼商)·한치형(韓致亨)·한명회·정창손·어세겸(魚世謙)·심회(沈澮)·이파(李坡)·김승경(金升卿)·이세좌·권주(權柱)·이극균(李克均)·성준(成俊)은 12간(十二奸)으로 지목되어 극형에 처했다. 이들 중 이미 죽은 한치형·한명회·정창손·어세겸·심회·이파 등은 부관참시되었다. 특히 이세좌는 본인뿐만 아니라 그의 가문까지 거의 몰살되다시피 했다. 한편 후궁 간택을 거부했던 홍귀달은 교형에 처했다.

사태는 여기서 그치지 않았다. 훈구파를 제거한 임사홍은 여세를 몰아 사림파에도 탄압을 가했다. 김종직에 대한 개인적인 원한이 일차적인 이유였지만, 좀 더 근본적인 이유는 사림파가 잔존하는 이상 자신의 독주가 어렵다고 판단했기 때문이었다. 이에 임사홍은 사림파가 국사를 비방했다고 무고해 폐비 사건과 동일한 범주로 처리하고자 했다. 그 결과 이미 무오사화에서 화를 입은 박한주(朴漢柱)·이수공(李守恭)·강백진(康伯珍)·이총(李摠)·최부(崔溥)·이원·김굉필·이주·강겸(姜謙)이 유배지에서 사형되었다. 또한 이미 죽은 정여창(鄭汝昌)·조위(曺偉)·남효온은 추가로 죄를 입었다.

이것이 무오사화가 일어나고 6년이 지난 뒤인 1504년(연산군 10)에 일어난 갑자사화(甲子士禍)다. 무오사화가 훈구파와 사림파의 대결 구도에서 일어난 사건이라면, 갑자사화는 궁중파와 부중파(富中派) 사이의 세력 충돌로 빚어진 사건이었다. 이 과정에서 사림파는 한동안 중앙 정계에서 자취를 감추게 되었다. 그러나 이 사건 또한 사림의 성장이라는 대세는 막을 수 없었다.

연산군의 난정

무오사화와 갑자사화로 권력을 독점한 연산군과 궁중파의 학정은 날로 심해졌다. 먼저 연산군은 홍문관과 사간원을 혁파하고, 사헌부의 지평 2원(員)을 없애 언로를 막았다. 또한 정치 논쟁을 막기 위해 경연도 폐지했으며, 학문의 전당인 성균관에서는 연회를 열었다. 혹시 자신의 뜻을 거스르거나 잘못을 비난하는 사람이 있으면 가차 없이 죄를 물어 참형에 처했다.

특히 연산군은 장녹수(張綠水)라는 궁녀에게 빠져 날로 방탕이 심해졌다. 장녹수는 연산군의 총애를 등에 업고 전횡을 저질렀다. 그에 관한 기록이 다음과 같이 남아 있다.

장녹수는 제안대군의 가비(家婢)였다. 성품이 영리해 사람의 뜻을 잘 맞추었는데, 처음에는 집이 매우 가난해 몸을 팔아서 생활했으므로 시집을 여러 번 갔다. 그러다가 대군의 가노(家奴)의 아내가 되어 아들을 하나 낳은 뒤 노래와 춤을 배워서 창기(娼妓)가

되었는데, 입술을 움직이지 않아도 소리가 맑아서 노래를 들을 만했으며, 나이는 30여 세였는데도 얼굴은 16세의 아이와 같았다. 왕이 듣고 기뻐해 드디어 궁중으로 맞아들였는데, 이로부터 총애함이 날로 융성해 말하는 것은 모두 좇았고, 숙원(淑媛)으로 봉했다. 얼굴은 중인 정도를 넘지 못했으나, 남모르는 교사와 요사스러운 아양은 견줄 사람이 없으므로, 왕이 혹해 상사(賞賜)가 거만(鉅萬)이었다. 부고(府庫)의 재물을 기울여 모두 그 집으로 보내었고, 금은주옥(金銀珠玉)을 다 주어 그 마음을 기쁘게 해서, 노비·전답·가옥도 또한 이루 다 셀 수가 없었다. 왕을 조롱하기를 마치 어린아이 같이 했고, 왕에게 욕하기를 마치 노예처럼 했다. 왕이 비록 몹시 노했더라도 녹수만 보면 반드시 기뻐해 웃었으므로, 상주고 벌주는 일이 모두 그의 입에 달렸으니, 김효손(金孝孫)은 그 형부이므로 현달한 관직에 이를 수 있었다.

『연산군일기』47권, 연산군 8년 11월 25일

그러나 연산군이 장녹수에게만 빠져 있었던 것은 아니다. 그는 궁인과 기생은 물론이고 여염집 아녀자까지 거침없이 희롱했으며, 심지어 친족과 간음하는 등 패륜 행위를 저질렀다. 또한 전국에서 운평(運平: 가무를 담당하던 기생)을 뽑아 대궐에 들여 흥청이라고 했다. 당시 운평을 뽑아 서울로 데려오는 책임자인 채홍사(採紅使)가 바로 임사홍이었다. 임사홍이 백성에게 심한 해독을 끼치니 길 가는 사람도 그를 흘겨보았다고 한다. 이렇게 연산군은 임사홍이 모아온 홍청과 밤낮으로 풍악을 울리며 놀았다. 여기에서 '홍청거리다'라는 말이 유래되기도 했다.

이 밖에도 도성 안 대궐에 가까운 인가를 철거하고, 동서로 돌성을 쌓아 한계를 정한 후 금표를 세워 사냥터로 삼았다. 만약 여기에 함부로 들어가면 당장 베어 조리를 돌리게 했다. 수리도감(修理都監)을 두고 크게 공사를 일으켜 궁실을 넓히고, 강가나 시냇가에 높은 누각과 정자를 지어 수시로 오가며 놀았다. 또 놀기 좋게 땅을 고르거나 물길을 바꾸고 큰 연못을 파는 등 공사가 끊이질 않았다. 이러한 대규모 토목 공사에 백성이 징발되니 고통이 컸으며, 국가 재정도 거덜이 났다. 백성의 불만이 고조되면서 여기저기서 언문 투서가 날아들었다. 그러자 연산군은 아예 언문 금지령을 내려버렸다. 이처럼 연산군의 학정은 국정과 민생을 도탄에 빠트렸다.

물론 연산군에 대한 기록이 대부분 연산군을 몰아내고 정권을 잡은 반정 세력에 의해 쓰였기 때문에 사실이 왜곡되거나 과장되었을 가능성이 크다. 왕을 몰아내고 그 자리를 차지하기 위해서는 정당한 이유와 명분이 필요하기 때문이다.

환관 김처선

환관이라는 자리는 삼국 시대부터 있었지만 시대마다 똑같은 역할을 했던 것은 아니다. 조선 시대의 환관은 '거세된 남자로 내시부에 소속되어 궁중에서 사역하는 내관'을 의미했다. 내시부에 소속된 조선의 환관들은 왕·왕비·대비·세자의 처소에 각각 배치되어 사명(使命)과 잡무를 맡아보았으며, 그 수는 240여 명에 달했다.

연산군 대에는 김처선이라는 유명한 환관이 있었다. 그는 세종에서 연산군에 이르기까지 무려 일곱 왕을 섬겼으나, 그 과정은 순탄치가 않았다. 문종 때는 영해로 귀양을 가는가 하면, 세조 때는 삭탈관직되어 노비 신세가 되기도 했다. 그러던 중 성종의 눈에 띄어 신임을 받게 되었다. 특히 그는 의술에 뛰어나 대비의 신병을 치료한 공로로 상금을 받고 정2품 자헌대부에 오르기도 했다. 환관으로서 판서의 품계에 올랐으니 대단한 성공이었다. 그런 그가 연산군의 즉위와 함께 다시한 번을 파란을 겪게 되었다.

연산군은 성종의 능을 수호한 공으로 말을 하사하는 등 한동안 김처선을 매우 신뢰했다. 그러다 연산군의 파행이 극에 달한 1505년(연산군 11)에 문제가 생겼다. 당시 연산군은 처용이라는 기생에 한창 빠져 있었다. 이에 보다 못한 김처선이 목숨을 걸고 왕에게 바른말을 하기로 작정했다. 그런데 하루는 연산군이 먼저 김처선에게 술이나 한잔 하자고 제안했다. 왕이 대작을 허락한 것은 엄청난 영광이었다. 이 자리에서 김처선은 죽을 각오로 직언했다.

> 늙은 제가 여러 임금을 섬겼고, 경사에 대강은 통하지만 요사이 상감님과 같은 짓을 한 이는 없습니다.
>
> 『연려실기술』 6권, 연산조 고사본말

일개 환관치고는 대담하기 짝이 없는 말이었다. 격노한 연산군은 화살을 들어 김처선을 향해 쏘았다. 화살이 김처선의 갈빗대를 관통했지만 조금도 굴하지 않았다. 그러자 더욱 격분한 연산군이 그 자리에서 김처선의 다리를 잘랐다. 그리고는 일어나 걸으라고 했다. 김처선은 "상감은 다리가 끊어져도 걸을 수 있습니까?"라고 말하고는 비참한 최후를 맞이했다. 그래도 분이 풀리지 않은 연산군은 김처선의 양자까지 죽이고 김처선의 재산을 몰수한 후 살던 집에 못을 팠다. 이는 역적에 대한 형벌에 해당됐다.

연산군은 김처선에 대한 분노를 좀처럼 누그러뜨리지 못하고 관리와 군사 중에서 김처선과 이름이 같은 사람은 모두 이름을 바꾸게 했다. 이름만 들어도 치가 떨렸던 모양이다. 더 나아가 국가의 공식 문서에서도 김처선 이름의 가운데 글자인 '처(處)' 자의 사용을 금했다. 그 바람에 24절기 중 하나인 처서(處屠)를 조서(徂屠)라고 바꾸어 부르기도 했다. 연산군 말년의 강박 행태에 관한 일화라 하겠다.

반정 모의

연산군의 행태를 도저히 두고 볼 수 없다고 판단한 성희안(成希顔)·박원종(朴元宗) 등은 반정을 모의하기에 이르렀다.

성희안의 창녕 성 씨 집안은 대표적인 문벌 가문이었다. 그는 1485(성종 16) 별시 문과에 을과로 급제했고, 이후 부수찬으로 승진해 성종의 은혜와 사랑을 가장 많이 받았다. 연산군 즉위 후에도 문무의 요직을 거쳐 1504년(연산군 10) 이조참판으로서 오위도총부도총관을 겸임하기도 했다. 그러나 연산군을 따라 양화도로 놀러 갔다가 그곳에서 시를 지으라는 명에 "임금은 본래 청류를 좋아하지 않는다(聖心元不愛淸流)"라는 훈계조의 글을 지어 올렸다가 눈 밖에 났다. 결국 성희안은 이조참판의 자리를 내어놓고 종9품의 말단직으로 쫓겨나게 되었다.

박원종은 성종의 형인 월산대군의 처남이었다. 그런데 연산군이 어느 날 박원종의 누이인 월산대군의 부인 박 씨를 대궐 안으로 불러들여 욕보인 일이 발생했다. 박 씨는 연산군의 큰어머니였다. 결국 조카에게 욕을 본 수치스러움에 박 씨는 자결했고, 이 일로 박원종은 가슴 깊이 연산군에 대한 원한을 가지게 되었다. 성희안과 박원종은 한마을에 살았는데, 서로 만나 시사를 논하곤 했다.

> 이제 정령(政令)이 혼암(昏暗)하고 가혹해 백성이 도탄에 빠졌으니 종묘사직이 장차 전복될 것인데, 나라를 담당한 대신들이 한갓 교령(敎令)을 승순(承順)하기에 겨를이 없을 뿐, 한 사람도 안정시킬 계책을 도모하는 자가 없다. 우리는 함께 성종의 두터운 은혜를 입었는데, 어찌 차마 앉아서 보고만 있겠는가. 천명과 인심을 보건대 이미 촉망된 바 있거늘, 어찌 추대하여 사직을 바로 잡지 않을 수 있으랴.
>
> 『연산군일기』 63권, 연산군 12년 9월 2일

이들은 마침내 계책을 세우고 모사에 참여할 사람을 모았다. 그중에 신윤무(辛允武)가 있었다. 신윤무는 연산군의 총애와 신임을 받으며 여러 관직을 역임한 자였다. 만약 반정이 성공한다면 먼저 처단될 인물이었다. 그도 이러한 사실을 잘 알고 있었다. 그는 평소에 '일조에 변이 있게 되면 화가 장차 몸에 미치리라'라는 생각을 하면서 걱정하고 두려워했다. 그러다 결국 자신의 일신을 위해 왕을 배신하고 반정 모의에 합세했다. 박원종과 성희안을 찾아간 그는 다음과 같이 말했다.

지금 중외가 원망하여 배반하고 왕의 좌우에 친신(親信)하는 사람들도 모두 마음이 떠났으니, 환란이 조석 간에 반드시 일어날 것이오. 또 이장곤(李長坤)은 무용과 계략을 가진 사람인데, 이제 망명했으니 결코 헛되이 죽지는 않으리다. 만약 귀양 간 사람들을 불러모으고, 군읍(郡邑)에 격문을 보내어 군사를 일으켜 대궐로 쳐들어온다면, 비단 우리는 가루가 될 뿐 아니라, 사직이 장차 다른 사람의 손에 넘어갈 것이니, 일이 그렇게 된다면 비록 하고자 한들 미칠 수 없게 될 것이오.

『연산군일기』 63권, 연산군 12년 9월 2일

신윤무의 동참에 고무된 박원종 등이 거병을 결정했다. 일설에 의하면 서로 친분이 없던 성희안과 박원종 사이를 연결해준 사람이 신윤무라고도 한다. 어쨌든 함께 거사를 모의한 이들은 성공에 대한 확신을 갖고자 이조판서인 유순정에게 자신들의 계획을 말하고 끌어들였다. 한참을 망설이던 유순정도 마지못해 함께 하겠다고 뜻을 밝혔다. 이어 장정(張珽)·박영문(朴永文) 등도 신윤무와 더불어 무사를 모을 것을 언약했다. 또한 용구(龍廐: 임금이 타는 말을 기르던 곳)의 모든 장수도 각기 응군(鷹軍)을 거느리고 오기로 약속했다.

연산군의 폐출

1506년(연산군 12) 9월 2일, 반정 세력이 진성대군(성종의 둘째 아들, 중종)을 호위한 채 궁궐로 향했다. 바깥의 상황을 파악한 궁궐에서는 궁과 왕을 지키던 군사들은 물론이고 시종들까지 도망가기에 바빴고, 연산군을 보호하려고 나서는 사람은 아무도 없었다. 결국 궁궐에 들이닥친 반정 세력은 대비인 정현왕후에게 재가를 얻어 연산군을 왕위에서 몰아내고 진성대군을 새 왕으로 추대했다. 이 사건이 이른바 '중종반정'이다.

여기서 주목해야 할 점은 중종반정이 신하들에 의해 주도되었다는 것이다. 앞선 조선의 역사에서는 태종이나 세조처럼 형식이야 어찌 됐든 계승 서열을 무시하고 왕위를 찬탈한 경우가 있었다. 하지만 이것은 어디까지나 왕의 뜻에 따라 시행된 것이었다. 그런데 연산군을 폐출한 중종반정은 신하들이 왕을 몰아낸 최초의 사건이었다. 중종은 반정 세력이 자신을 호위하기 위해 궐 밖 사저로 군사를 보낼 때까지 자신이 왕으로 추대될 것이라는 사실을 전혀 몰랐다.

그렇다면 어떻게 왕권주의 나라인 조선에서 신하가 왕을 몰아내는 초유의 사태가 발생하게 된 것일까? 이것은 조선의 양반 관료 체제가 얼마나 견고한 조직인지를 보여주는 극명한 사례다. 절대 왕권을 꿈꿨던 연산군은 자신에게 방해되는 양반 관료 체제를 붕괴시키려고 했다. 그러나 피투성이가 되었을망정 조선의 양반 관료 체제는 결코 무너지지 않았고, 역으로 왕을 갈아치워 버렸다. 연산군이 만약 현명한 군주였다면 훈구파와 사림파 두 세력이 적당히 서로를 견제하게 했을 것이다. 이러한 힘의 균형 속에서 왕권을 강화하다가 경우에 따라서 한쪽 편을 들어 자신에게 유리한 방향으로 얼마든지 정국을 이끌어갈 수도 있었다. 그러나 연산군은 어리석게도 이러한 힘의 논리를 이해하지 못했고, 결국 파국을 맞이했다. 그는 반정 세력에 의해 다음과 같이 평가되었다.

> 소시(少時)에 학문을 좋아하지 않아서 동궁에 딸린 벼슬아치로서 공부하기를 권계하는 이가 있으매, 매우 못마땅하게 여겼다. 즉위해서는 궁 안에서의 행실이 흔히 좋지 못했으나, 외정(外庭)에서는 오히려 몰랐다. 말년에는 주색에 빠지고 도리에 어긋나며, 포학한 정치를 극도로 해 대신·대간·시종을 거의 다 주살하되, 불로 지지고, 가슴을 쪼개고, 마디마디 끊고, 백골을 부수어 바람에 날리는 형벌까지도 있었다.
>
> 『연산군일기』 1권, 총서

왕위에서 쫓겨난 연산군은 강화도로 유배되었고, 그해 11월에 병으로 죽었다. 그의 나이 겨우 31세였다. 연산군은 왕의 시호를 받지 못했다. 연산군의 폐출은 모든 양반에게 인심을 잃으면 왕도 죽을 수 있다는 뼈저린 교훈을 남겼다. 연산군의 죽음 이후 그의 식솔들 역시 궁에서 쫓겨나 비참한 생활을 하다가 죽었다. 연산군의 묘는 서울시 도봉구 방학동에 있다.

큰 글자로 읽는 세상의 모든 지식
〈살림지식총서〉

이성무(hellohal@hanmail.net)

서울대학교 문리대 사학과를 졸업하고, 동 대학원 사학과를 거쳐 국사학과에서 문학박사 학위를 받았다. 국민대학교와 한국정신문화연구원 한국학대학원 교수로 있으면서 미국 하버드대학교 옌칭연구소 연구교수와 독일 튀빙겐대학교 객원교수를 역임했다. 정신문화연구원 부원장, 연세대학교 용재석좌교수를 지냈고, 국사편찬위원회 위원장을 거쳐 현재 대한민국학술원 회원, 남명학연구원장, 한국역사문화연구원장, 한국학중앙연구원 명예교수로 있다.

저서로는『조선왕조실록(전6권)』을 비롯해『조선시대 당쟁사』『재상열전』『명장열전』『조선을 만든 사람들』『조선국왕전』『조선은 어떻게 부정부패를 막았을까』『영의정의 경륜』『선비평전』『방촌 황희 평전』『한국의 과거 제도』『조선 초기 양반 연구』『조선의 사회와 사상』『조선 양반 사회 연구』『한국 역사의 이해(전7권)』『다시 보는 한국사』(공저) 등 다수가 있다.

큰글자 살림지식총서 162

조선왕조실록 2 문종~연산군 편

펴낸날	초판 1쇄 2021년 12월 31일
	초판 2쇄 2025년 4월 5일

지은이	이성무
펴낸이	심만수
펴낸곳	(주)살림출판사
출판등록	1989년 11월 1일 제9-210호

주소	경기도 파주시 광인사길 30
전화	031-955-1350 팩스 031-624-1356
홈페이지	http://www.sallimbooks.com
이메일	book@sallimbooks.com

ISBN 978-89-522-4356-0 04080
978-89-522-3549-7 04080 (세트)

※ 이 책은 살림지식총서 524 『조선왕조실록 2』를 큰 글자로 만든 것입니다.
※ 이 책은 큰 글자가 읽기 편한 독자들을 위해
글자 크기 14포인트, 4×6배판으로 제작되었습니다.